云南史话

地方系列

云南省社会科学界联合会 组编

昆明史话

龙东林　编著

云南出版集团
云南人民出版社

图书在版编目（CIP）数据

昆明史话 / 云南省社会科学界联合会组编；龙东林编著. -- 昆明：云南人民出版社，2017.11（2018.12 重印）
（云南史话.地方系列）
ISBN 978-7-222-16670-7

Ⅰ.①昆… Ⅱ.①云… ②龙… Ⅲ.①昆明 – 地方史 Ⅳ.① K297.41

中国版本图书馆 CIP 数据核字 (2017) 第 287132 号

出 版 人：赵石定
统筹编辑：马维聪
责任编辑：李东华　陈　亚
责任校对：郑怡然　余丽红
装帧设计：赵　丹

昆明史话
kunming shihua
云南省社会科学界联合会　组编
龙东林　编著

出　版　云南出版集团　云南人民出版社
发　行　云南人民出版社
社　址　昆明市环城西路 609 号
邮　编　650034
网　址　http：//ynpress.yunshow.com
E-mail　ynrms@sina.com
开　本　787mm × 1092mm　1/32
印　张　11
字　数　175 千
版　次　2017 年 11 月第 1 版　2018 年 12 月 2 次印刷
印　刷　云南商奥印务有限公司
书　号　ISBN 978-7-222-16670-7
定　价　38.00 元

如需购买图书、反馈意见，请与我社联系
总编室：0871-64109126　发行部：0871-64108507
审校部：0871-64164626　印制部：0871-64191534

云南人民出版社公众微信号

总 序

七彩云南，气象万千。

这里东连黔桂，西邻缅甸，北靠川渝，南望越南、老挝，是祖国大陆通往南亚东南亚、前出印度洋的枢纽和大通道。特殊的地理，悠久的历史，孕育了深厚的底蕴，创造了丰富多彩的灿烂文化，成为中华文化同南亚次大陆文化、东南亚文化交汇区域，是文化交汇、融合、多样性的现代范本。

这里山川纵横。横断山、哀牢山、无量山、云岭、乌蒙山等山系支撑起祖国西南辽阔的天空。这里碧水荡漾。滇池、洱海、抚仙湖、程海、泸沽湖、杞麓湖、异龙湖、星云湖、阳宗海等湖泊，像一颗颗璀璨的明珠，镶嵌在云南高原上。这里江河澎湃。金沙江、澜沧江、怒江、红河、南盘江、伊洛瓦底江等六大水流联通各民族共同的家园。这里是植物王国、动物王国、有色金属王国。这里气候温和、四季犹春，在中国是绝无仅有的宜居宝地。

这里历史悠久。元谋人从170万年前的远古走来。战国中晚期庄蹻入滇，第一次把楚文化与滇文化连接起来。秦开五尺道、汉习楼船，云南正式纳入祖国版图。唐宋时期，南诏、大理国文化唱响西南。元初正式建立行省。明清时期，云南经济社会得到长足发展。20世纪初，云南各族人民打响了护国战争第一枪，开始埋葬封建帝制。在抗日战争中，几十万云南各族儿女征战沙场，扬我国威！西南联合大学谱写了世界教育史上的奇迹。

在这片红土地上，传承着红色文化基因。走出了王复生、王德三等早期马克思主义播火者，走出了无产阶级军事家罗炳辉，《中华人民共和国国歌》的作曲者聂耳，马克思主义大众化的中国第一人、我们党思想理论战线忠诚的战士和学者艾思奇。20世纪30年代，毛泽东率领中国工农红军长征过云南，播下了革命火种。40年代后期，中国共产党领导下的滇桂黔边纵队与中国人民解放军，在极端艰难困苦的条件下英勇作战，迎来了新中国的诞生！

这一切，催生了一系列独具特色的历史文化：有史前文化、古滇文化、哀牢文化、爨文化、南诏文化、移民文化、护国文化、抗战文化、西南联大文化、红色文化。

这里是民族文化的富聚区，民族文化多样性的活态博物馆。26个民族中16个独有民族，15个民族跨境而居。民族文化丰富多彩、博大精深、底蕴深厚、特色鲜明。如彝族的毕摩文化、藏传南传佛教文化、傣族的贝叶文化、纳西族的东巴文化、哈尼族的梯田文化，等等，还有各种各具特色的丧葬、婚姻、服饰、建筑、节日、歌舞、生态等文化形态。此外还有各民族长期以来相互交融、相互学习、共同发展而产生的综合性文化，如茶文化、医药文化、烟草文化、驿道文化、青铜文化、石刻文化等，异彩纷呈，不胜枚举。

云南各民族优秀文化是中华文化的重要组成部分，是中华文化的瑰宝，是中华民族文化大花园中的奇葩！在长期的历史发展中，在红土高原上，形成独具特色的历史文化、地域文化、民族文化，其突出特点是多样形态、多元一体、和谐共生。各种文化，相互交融。佛教文化、基督教文化和伊斯兰文化并存（即使在同一宗教内，不同派别也和睦相处，如同为佛教，藏传佛教、南传上座部佛教和汉传佛教，亲密无间）、儒释道文化并存、原生态文化与现代文化并存、多民族文化并存。

在经济全球化、文化经济化、经济文化一体化的今天，文化既是社会生活方式，更是一种社会生产力，是各民族共同的精神家园。

“观乎天文，以察时变；观乎人文，以化成天下”（《易经－贲卦》）。习近平总书记指出：“要始终坚持道路自信、理论自信、制度自信，最根本的还有一个文化自信。”党的十九大报告提出：“要坚定文化自信，推动社会主义文化繁荣兴盛。”“没有高度的文化自信，没有文化的繁荣兴盛，就没有中华民族伟大复兴。要坚持中国特色社会主义文化发展道路，激发全民族文化创新创造能力，建设社会主义文化强国。”这是党中央赋予我们这一代哲学社会科学工作者的历史使命！承担起新时代这一历史使命，必须在新的实践基础上，用中国特色社会主义文化引领，推动文化的创新发展。必须深入挖掘传统文化资源，从中吸取历史智慧，引导云南各族人民树立正确的历史观、民族观、国家观、文化观，推动文化创造性转化。还必须为各族人民提供丰富的精神食粮，不断满足人民过上美好文化生活的新期待。

古人云：“虑不远不足以图大功，功不大不足以传永世”。云南省社科联为贯彻落实党的十九大精神，为传承、弘扬云南优秀传统文化，坚定各族干部群众文化自信，决定组织全省有关专家学者编辑出版“云南史话”系列丛书，分别为地方系列、民族系列、特色县市系列、民族文化艺术系列、重大历史事件系列五部分，每套丛书出版20种，共计100种。这是一项规模宏大的系统工程，计划用五年时间完成。通过本套丛书，我们将深入挖掘云南文化宝贵资源，认真梳理云南文化发展脉络，总结云南文化发展的特点及其规律，以期为增强文化自觉，坚定文化自信，牢记习近平总书记对云南人民的嘱托，闯出一条跨越式发展的路子，为努力成为民族团结示范区、生态文明建设排头兵、面向南亚东南亚辐射中心，谱写好中国梦的云南新篇章而奋斗！

是为序。

云南省社科联党组书记、主席　张瑞才

2017年10月

序

昆明城市史话是对昆明城市的孕育、形成、发展、变迁历史的简略、浅显的科普性叙述，主要是从昆明城市的发展、变化、转折历史中揭示昆明城市发展的规律和独有的经济、文化特征，帮助人们从曾经在这里生活过、发生过，并影响过这里的重要人物、重大事件中认识这座城市的历史。与其他历史研究不同的是，史话在记叙中多了些奇闻逸事和典故，更具地方文化特色，使读者更易从那些历史的遗存中感受昆明城市发展的文化特质。

城市是人类进入农耕文明后因定居的需要而形成的生存发展方式，是人类社会进入文明时代的重要标志和起点。人类社会进入农耕文明后，由于土地的不可流动性，人类不再像游牧狩猎时代那样可以居无定所的随畜迁徙，逐水草而居，定居成为主要的生存方式。定居使生产力和生产成果的积累与传承成为可能，从而使人类生存状态得到极大改善，人口得以快速增加，小的定居点渐渐发展为村落，并逐步形成一些有血缘关系的部落，对土地的需求也逐步地扩大，由于对土地和财富的需求增加，加剧了部落之间的扩张、吞并和联姻，逐步形成一些部落联盟。联盟中的核心区域人口聚集度提高，人与人之间的信息沟通、物资交流得到改善，逐步形成一些供议事、祭祀和社交的核心功能区，而为了防范外族外部的人、兽入侵，这些区域开始设有防御设施，从而成为最早具有城市功能的聚落定居区。随着农耕社会的发展，土地私有制的出现，部落战争成为土地和劳动力的重要来源，社会进入奴隶制阶段。奴隶社会的出现促进了社会分层和分工，不事劳作或很少劳作的奴隶主和社会管理阶层成为聚落中心区的居民，其生活来源主要靠领导管理部落所获得的贡奉和部落战争中的俘虏和俘获品。奴隶主和社会管理阶层为了自己的人身和财产安全、生活便利，划定一定的边界使这些中心区域逐步固化和扩展，城的雏形就产生了。战争是早期城市形成和扩张的动力，所以城市一般都是兵家必争的战略要地。城市一旦形成，城市内部社会分工的步伐就会加快，行业分工也会细化、深化，城乡之间的地域分工也会日趋明显。城与城之间的交通交往也会促进城市的发展，使城市的功能逐步完善。早期城市由于受所依赖的农村粮食供给能力的限制，规模都很小，常因农村受灾破产，或因供给难以为继而消亡。城市是生产力发展的结果又是生产力发展的动力，城市在发展中聚集人口、产业、财富，汇集资金、信息，产生需求和供给，促进交换和市场。城市的发展使分工逐步向区域化发展，城市因资源禀赋不同而形成城市形态的差异，因区位、发展阶段、社会形态等发展环境的不同而形成功能结构、规模形态上的差异，形成大都市、大城市、中小城市及小城镇等。昆明城市的发展史与中国很多内地城市不同，昆明地处云贵高原以西，与中原文明交往困难，但昆明所处的滇中地区又是古滇文明的发祥地，有着从原始聚落到现代国际化大城市完整的历史演绎过程，其形成发展的轨迹清晰而无间断。

农耕文明与土地和水源密不可分，所以世界上所有的远古文明都与淡水资源相伴而生，古埃及的两河文明，古印度的恒河文明，古华夏的黄河、长江文明都以充沛的水资源和相应的冲击平原为依托，被称为大河文明。时至今日，世界上的大城市和城市群、城市带绝大多数仍是与大河流域相伴。与这些大河文明所孕育的城市不同，昆明属于高原湖泊小流域文明城市，昆明所处的滇中高原不属于大河流域，但却气候宜人，雨量充沛，湖泊成群，滇池、抚仙湖、星云湖、阳宗海等高原湖泊鳞次栉比，河网纵横，湖滨土地肥沃，蓄水和灌溉、排涝条件良好，是最宜农耕特别是水稻种植的地区。自寒武纪生命大爆炸以来，这里一直是各种生物生息繁衍的最佳区域。滇中高原又是古人类活动的地方，大约30万年前在宜良九乡一带就有古人类活动，而至迟在3万年前就有现代人类在滇池周边生活。早就形成了一种小流域上的高原湖泊文明——古滇文明。古滇文明发育早，发育程度高，与长江中下游的河姆渡和黄河中游的仰韶文明有明显的区别。考古发现证明，滇池地区进入农耕文明较早，大量的新石器和青铜器时代的器物显示着这里自古就以稻谷为食，是人类稻作文明的起源地之一。然而，由于高原湖泊小流域、小盆地的总体特征，盆地内宜耕地少，人口的承载能力有限，加之高原交通不便,守望相助不易,缺乏发展为大文明的条件，所以到汉武帝时，中原大一统的集权王朝已经十分成熟，这里却仍是众多部落散居的状况。司马迁在《史记》中记载，至2世纪时，滇池地区除了楚将庄蹻的后裔“滇”以及“靡莫”“劳浸”等少数几个部族有部落联盟的首领“君长”外，其他数百上千的部落还处在分散的无等级原始部落状态。汉武帝开滇后设益州郡，在滇池南岸建苴兰城为治所，实行了郡县与分封相结合的治理体制，一方面对滇池地区实行郡县改造，设益州郡以行政令，派郭昌驻军以防边叛，另一方面又对滇王网开一面，赐金印，命“复长其民”，以图羁縻滇池地区。滇国被汉武帝兼并后，辉煌的古滇文明很快湮灭了，古滇人哪儿去了，成为人类文明史上的谜。自20世纪晋宁石寨山古滇王陵出土后，国内外一些学者根据世界人类迁徙的规律，推测汉武帝设益州郡后，由于驻军和行政的成本高昂，只能就地征收解决，滇人不堪重负，在多次反抗失败后就沿滇池和周边湖泊的下游河谷迁移，东南向长江中下游直到日本列岛，西南向中南半岛南至泰国，西到印度东部，少量进入南太平洋诸岛，滇文明则消失在漫漫迁徙途中。古滇国消失了，但滇国的富庶和高度的文明信息却伴着金马碧鸡的神话传入长安，到西汉末年，汉宣帝派王褒为使到益州要将传说中佑护滇池地区风调雨顺的神祇金马、碧鸡移请至长安，可见当时中原对古滇文明的了解较前深入得多了。

两汉政权在滇池地区的羁縻式统治的结果是内地文化对滇池地区的影响有限。西汉是汉民族自我文化认同的形成时期，汉初的黄老之道与汉武帝的独尊儒术成为汉民族的主流文化意识形态，但却没能进入云南地区。三国时期，滇池地区虽属益州郡，但处在当地各少数民族先民部落自治的状态。蜀汉建国后，益州大姓和各少数族群不服管制，孟获等蛮族先民开始反叛，诸葛亮以攻心为上的策略征服了孟获，在昆明附近的嵩明筑“盟蛮台”相誓，以不派官、不留兵，任用当地夷帅大姓为官的地方自治政策实现了对南中的持久统治。随后的魏、晋、南北朝时期的中央政府基本沿用了这一政策，为云南广大地区的地方割据势力自治留下了很大空间。地方势力通过长期相互兼并，逐步形成大的区域自治政权，并沿着羁縻制度的轨迹获得中央政权的授权，爨氏集团就是通过部族间斗争逐步取得了东晋政权的认可，以合法身份延展其在云南的统治的。

爨氏原是滇东北一带的蛮族先民的部族首领，爨原非姓氏，是族称，晋代即封为宁州刺史，并在曲靖设治，是为东爨，滇池地区则因归属宁州而受其辖制。爨的氏族式地方自治维持了

400多年，这期间正是中原地区战乱频仍，王朝轮番更替，人民流离失所的黑暗时期，而爨氏统治的云南却有幸避开了乱世而安享了长期的太平，出现了“户口殷众，金宝富饶，多骏马、犀象、明珠”的繁荣景象。爨氏统治云南近500年，但在昆明地区留下的痕迹很少，传说中的西爨王陵也一直未见踪迹。585年，隋文帝结束了中原的长期动乱，建立了统一的中央集权王朝，隋朝的国力强大起来。由于中国特殊的地理位置，中原王朝崛起后都会在国家利益的驱使下向西南拓展，隋开皇十七年(597)，隋将史万岁率军入滇，击破了割据统治云南数百年的爨氏政权，重建了中央政权对滇池地区的统治。隋代滇池地区的行政中心仍在南岸的晋宁。617年唐朝建立，任命爨宏达为昆州刺史，以今晋宁为中心，是为西爨，爨氏正式分为东爨与西爨。隋、唐两代都曾试图在滇池西北建立昆州城以实现中央政权对滇池地区的直接治理，但由于建城的成本太高，很快就放弃了，没留下什么遗址。南诏崛起后，经过天宝战争摆脱了唐朝的统治，765年南诏赞普钟阁罗凤进入滇池地区，决定派其长子凤伽异在滇池北岸筑拓东城，由此开了昆明城市在滇池北岸建设和发展的先河。南诏是昆明城市建设发展的重要时期，南诏王把昆明作为军事上向东拓展的前进基地，政治上作为统辖滇中和以东地区的行政中心，从而奠定了昆明作为云南全省行政中心城市的基础。大理国继承了南诏对昆明的东都定位，强化了昆明城市的基础设施和文化设施建设，城市的经济、文化高度发达，特别是南传上座部佛教的引入，使昆明的佛教建筑艺术达到高峰。经济与文化上的繁荣加强了昆明城市的聚集和辐射能力，以致元灭大理后赛典赤能迅速地把昆明作为省会，成为统辖全省外连川黔，辐射缅越的区域性行政中心和文化中心。明代沐英主滇后，开始向云南全境大规模移民，昆明成为汉族移民的重要集散地和聚集中心。经过30多年持续的移民驻屯，形成了以昆明为中心，以汉人移民为主导的滇中城市群。昆明这个由地方少数民族创立发展的城市演变为以汉族为主导的城市。明王朝吸取宋朝亡国的经验，不仅沿古长城修筑了永久性的砖墙，且在全国各府、州、县都筑了高大的砖墙。永久性高墙的修筑有效地保障了城市化的成果，中国城市进入了一次大发展的重要时期，昆明也在这个时期得到了长足的发展。首先是修筑了砖城和与之相配的城门、城楼；街道市井、署衙书院、寺观禅院、官邸民居，商铺作坊，疏通了与周边地区的水陆交通和内港码头，城市的行政、文化、商业中心功能进一步格局化。其次是通过移民，将内地的各种技术人才和商业人才引入昆明，促进了城市手工业和商业的发展，提高了城市化水平。最后是通过强化区域性行政中心的功能，建立了昆明对周边地区的统辖和经济、文化的辐射能力，为昆明城市的扩张提供了制度保障。清初，吴三桂进驻昆明后基本保留了明代的城市格局。吴三桂想效明代沐氏永镇滇黔的先例，在昆明大肆修建宫室园林，吴三桂所部的10多万驻军形成巨大的消费群拉动了城市的商业贸易与服务业的发展。

康熙平藩后，为加强对云南等边疆地区的控制，设云贵总督府于昆明，主掌滇黔政务和滇缅、滇越事务，昆明成为大清帝国辐射东南亚和中南半岛的中心，昆明的城市功能、结构、布局进一步优化，城市建设与发展也由此得到强化。清末，昆明的城市发展进入一个快速发展阶段。随着滇越铁路的开通，工业文明扑面而来，昆明城市史由此开启了工业化和近代化的新阶段。从辛亥革命到抗战胜利，昆明快速进入工业化、现代化的起步阶段，城市人口增加、产业结构升级、基础设施更新，教育、医疗、邮政、公交、金融、保险、运输、旅游、酒店等等现代城市服务体系发展壮大，城市规模扩大。抗日战争使昆明东连内地，西接印缅，沟通两洋的地缘战略价值突现，昆明成为中国抗战大后方战略补给基地，盟国援华物资在此集散和中转。内迁机关、院校、工厂、科研机构的到来，使昆明成为战时中国最重要的对外通道和工业基地、文化中心。新中国成立后，由于抗战期间打下的基础，昆明的城市化、工业化进程更加迅速，昆明的工业特别是装备制造业和烟草、轻纺工业一度在西南各省会城市中遥遥领先。工业体系完备，钢铁、有色冶金等重化工业企业稳步发展，城市基础设施和服务体系也得到长足发展，城市建成区面积迅速扩大。“文革”期间昆明的城市化受到干扰，产业结构失调，重化工业比重过大，城市基础设施落后。改革开放后的80年代，昆明城市的现代化进程加速，工业结构优化，城市经济实力快速提升，煤气、电话、电视等现代化基础设施迅速普及。进入90年代，随着中国经济的迅速发展，向西南方向打开国门走向世界的意识逐渐明晰，昆明特有的区位优势再次显现出来，以1992年实行沿海开放政策为标志，昆明由对外开放的末端逐步向辐射东南亚南亚的区域性国际中心城市的方向前行，昆明城市的现代化进程也显现出与之相适应的特征。昆明城市的聚集效应和辐射能力迅速增强，形成了以昆明为中心的滇中城市群和联结全省沿边城市带，进而辐射东南亚南亚各主要城市的区域性国际城市网络，昆明城市发展正进入一个新的历史阶段。

“欲知大道，必先为史”，一座城市的历史是这个城市发展的轨迹，显示的是这个城市形成、发展、变迁的客观规律。认识一座城市的历史就是认识这个城市发展的规律。城市发展既有统一的普遍规律，更有各自因资源禀赋、地域地缘、历史文化不同而形成的特殊规律。今天，昆明正把建设现代化的区域性国际中心城市作为城市发展定位的新目标，这正是顺着昆明城市发展的历史轨迹做出的科学决策。当我们全面地认识和把握了昆明城市发展的一般和特殊规律后，我们就能既从宏观上科学把握昆明发展的前进方向，又能在具体的城市规划设计中理性的顺应城市各发展阶段的不同要求，选择制定好符合昆明发展规律的建设路径和方式方法。当我们从这座城市的历史叙述中走出时，我们必能确立一种城市的文化认同和文化自信，从而更好更快地建设好、发展好自己的城市。

昆明市社科联原主席

市社科院原院长　研究员　龙东林

目　录

昆明市是云南省的省会，位于云贵高原中部，市域辖区面积为21011平方公里，总体地势北高南低，由北向南呈阶梯状逐渐降低。中部隆起，东西两端较低，以湖盆岩溶高原地貌为主，红色山原地貌次之，全域大部分海拔在1500—2800米之间。地理形态为南北长237.5公里，东西宽152公里。现辖14个县、市、区，2016年常住人口672.8万。主城区位于滇池盆地，三面环山，揽300平方公里的滇池于城中，盆地内已有建成区470平方公里。主城中心海拔1891米。昆明属低纬度高原山地气候，冬无严寒，夏无酷暑，年平均气温15.2℃，年均日照2200小时，无霜期240天以上，年平均降水量1065毫米。由于海拔高，纬度低，阳光辐射强，雨量充沛，使昆明成为气候宜人、花卉常开的城市，素有“春城”之称。明代文学家杨慎以“天气常如二三月，花枝不断四时春”描绘昆明的气候生态，确切而生动地表达了昆明自古以来就是一座适合人类生活的宜居城市。

一、源　头

“昆明”一词最早并非是城市名称，而是一个居住在中国西南地区即今日云南、四川南部、贵州西部一带古代族群的名称。昆明是夷语的汉字记音，在中国古代文献中亦记作“昆”“昆弥”或“昆猕”。昆明族人最早并不居住在滇池地区，而是住在位于云南洱海一带数千平方公里的地方，过着“随畜迁徙，毋常处”的游牧生活。昆明族人的特征是男女“皆编发”，社会结构发育很低，处于“无君长”的前阶级社会状态。而最早住在滇池地区（今昆明地区）的却是“滇”“劳浸”“靡莫”等数十上百个族群部落，这些部落中以“滇”部落为最大。“昆明”一词被作为城镇名称始于619年（唐武德二年），但那时被称作昆明的是位于今四川西南部的定笮镇。真正将昆明作为滇池之滨城市名称的时间还在600多年后的元朝，

1253年元灭大理，蒙古人在鄯阐城设“昆明二千户所”隶属鄯阐万户府，后又将昆明千户所改为昆明县，隶属中庆路，中庆路和云南行中书省就住在昆明县城内，昆明由此成为云南省会，并一直作为全省的政治、经济、文化中心延续至今。

（一）古滇文明　青铜璀璨

最新的人类基因学研究成果表明，生物学意义上的现代人类的祖先起源于非洲智人，而非洲智人走出非洲的历史不过8万余年。此前世界各地包括云南禄丰、元谋所发现的古猿、人猿、猿人、直立人、尼安德特人等类人生物，均与现代人类无基因上的连续，至多只是与人类基因相近而已。但1973—1983年在呈贡龙潭山3个洞穴内先后发现的10个以上3万年至1.8万年前的，包括从幼年到老年的不同年龄段的现代人化石以及数以百计的旧石器和石器制品，确凿地证明了早在3万年前滇池地区就有了现代人类在此定居生活。结合滇池周边官渡遗址、晋宁石寨山遗址中的新石器文化考察，滇池地区人类至迟在距今4000—5000年时已进入新石器时代，很多遗址有螺蛳壳堆积、泥质红陶、夹砂红陶。陶器以盘、碗为主，器底有同心圆纹，并多有稻谷印痕。器具有斧、锛、锤、铲、锥、刀等，可以明确地说，这些遗址是以种植稻谷为生的新石器时代的人类聚落点。现已查明的滇池地区新石器时代文化主要分布在今滇池、抚仙湖、星云湖、杞麓湖、阳宗海等高原湖泊群附近，且多伴有贝丘遗址，说明这是滇中特有的原生性高原湖泊古文明。

就在同一地域，考古还发现了3200多年前的古滇青铜文明。云南是有色金属富集的王国，古滇及其附近地域就有丰富的铜矿和铅锌矿，为青铜文化的产生提供了优裕的资源。从现有的考古发掘和研究情况看，云南进入青铜时代至迟应在距今3200年前，即在商代云南就已进入青铜时代。青铜作为人类使用的工具材料，必须是在人类比较熟练地掌握了找矿、采矿、选矿和冶炼、浇铸技术之后。从科技史的角度看，这必须经过一个漫长的社会发展过程。科学技术本身是在社会分工发育的过程中成长的，没有一定程度的人口聚集和足够的剩余食物，社会专门分出一些劳动力去从事非食物生产的采矿、冶炼工作是不可能的。因此青铜文化的产生必须是在一个有着相当程度的社会分工结构中才能实现。而从世界各地青铜文化发掘的情况看，新石器时代向青铜器时代过渡的时间是非常漫长的，一般在千年左右，而从制作简单的青铜工具到制作复杂的日常用具和兵器、礼器的过渡时间也要数百年时间。所以青铜时代的到来标志着人类社会第一次材料革命的完成，标志着社会的发展已进入文明时代。滇池地区何时进入青铜时代现尚无定论，但从 20 世纪 50 年代起考古工作者在滇池周边的晋宁石寨山，呈贡天子庙、羊甫头、石碑村，安宁太极山，以及古滇地域内的江川李家山、楚雄万家坝等多地发现的滇青铜器物的情况看，早在春秋战国时期滇池地区就已经进入了青铜时代的鼎盛期，而在此前必定还有一个漫长久远的孕育和发展期。1984 年中国科技大学的地球化学专家就开始用铅同位素检测法对中国商周时期的青铜器进行了原料产地的追踪分析，经过 30 多年来对河南殷墟妇好墓、江西新干、湖北盘龙城、四川三星堆等中国商周或之前的青铜器原料的铅同位素检测对比，确证，早在 3200 年前中国中原地区的青铜原料就来自云南的滇东北一带。而据《汉书·地理志》

记载，汉代中原已熟知今云南的澄江、江川、弥勒等地出产铜锡，《后汉书·南蛮西南夷列传》也记有“哀牢夷出铜锡”。历史上我国其他地区产锡的记载均在隋、唐以后，而商青铜合金赖以形成的物质原料铜、锡却只能来自云南。这一科技考古的结论预示着云南青铜时代和云南的远古文明尚要往前再推演，古滇文明的历史也应更为久远。

古滇文明没有文字，但古滇人却会用青铜器来记载古滇文化。在古滇青铜器中，有大量的文化场景，如祭祀活动、战斗场景、狩猎活动等。古滇青铜的造型技法娴熟，反映对象既有人物、动物，也有各种功能性建筑，如住房、庙宇、观礼台、祭柱等，无论是人物或动物，表现手法都是生动写实，灵动精准。与中国其他地方的青铜造像不同，滇青铜造像非常注意人物和动物在特定情境中的表情，如在一件捕猎扣饰上，被猎狗咬住耳朵的野猪的痛苦状，而在另一件储贝器上，骑在马上的胜利者的昂然状和被作为战利品砍下的人头的凄苦状都表现得十分清晰到位。在一些大型储贝器上的祭祀场景中，贵族们坐在观礼台上，士兵、祭司、牺牲者以不同的形态定格在各自不同的位置上。这些场景的细节记述也非常的详尽，从人物的面部表情、肢体动作、发式、衣饰到建筑物的间架结构都有非常明确的表达。值得注意的是，在滇青铜中稻作文化的表达十分清晰，杆栏式建筑中，上层住人，下层拦畜，这是生活在水田附近居民的便利设计。大量的蛇、蛙造型器物，是与水田打交道的民族的图腾。椎形的发髻和赤脚是便于水田作业的习俗。这些稻作文化的图景引起一些国外学者的关注，认为滇池地区有可能是人类稻作文明的发源地。在滇青铜造型中，马和牛的造型出现的最多，这一方面反映了滇池地区畜牧业的高度发达，印证了《华阳国志·南中志》记述司马相如初开益州郡时，仅从郡治滇池县就“得牛马羊属三十万”的事实。一方面也反映了古滇池地区生态环境极佳，物产极丰，不仅人的生活宽裕，而且能支撑大量的牲畜繁养的实情。而在大量的骑马造像中，最令人惊奇的是各种马具特别是马镫的出现，在前述马上胜利者的造像中，他的双脚大拇趾各伸在一个绳圈里，蹬向马腹前，这是云南一些少数民族地区至今仍可见到的绳圈式简易马镫，也是目前世界上发现的最早最原始的马镫。这些马具的出现告诉我们，古滇人不仅善渔猎和农耕，更善骑射。

灿烂的滇青铜背后是发达的铜、锡采矿业和冶炼、铸造技术，是精湛的工艺流程，是支持这些技术和工艺的社会分工。而在这一切的背后则是一个高度发育的文明。只是这个文明在 2000 年前因一场灾难而湮灭了。

（二）庄蹻变服　滇楚融合

战国晚期，中原内地经过长期的兼并战争，只剩下七个强大的诸侯国，史称战国七雄。北方的秦国和地处南方的楚国是七国中实力最强的。到了公元前 3 世纪初，正是秦楚争霸白热化之际，秦楚两国都把扩张的眼光转向了西南，都向西南方向派兵以开疆拓土地。楚顷襄王时期，楚国派将军庄蹻率军乘船由水路到达贵州，先征服了当地的夜郎部落，又经夜郎向西到达滇池地区，迫使当地部族归附楚国。当庄蹻准备率部返回楚国向楚王报功时，秦国向西南扩张的军队已夺取了巴、黔中一带，阻挡了庄蹻北返楚国的道路，庄蹻无奈只好遂率部返回滇池地区，“变服从其俗”与当地的部族融合为一体，并建立了古滇国。司马迁把这件事记录进《史记·西南夷列传》，自此，滇池地区的历史，云南的历史，就从传说时代进入了有文字记载的时代。

根据《史记》记载，西汉时滇池地区还处在“毋君长”的前奴隶制国家时期。这里散居着众多部落族群，但没有大的部落联盟和统一的首领。庄蹻到这里时，滇池地区雨量充沛，土地肥沃，物产丰盛，且社会已进入青铜时代，农业、渔业、畜牧业都已有一定的规模。庄蹻入滇后将楚文明带入滇池地区，并发展了滇池地区的农耕技术和水上运输。在江川李家山出土的青铜器上就刻有较大的舟楫图案。西汉《汉书·武帝纪》曾记载“西南夷传有越和巂，昆明国。有滇池，方三百里，汉使求身毒国，而为昆明所闭，今欲伐之，故作昆明池象之，以习水战”。有学者认为，这说明当时滇国的水上航运能力在来自擅长水上征战的庄蹻治下已大大发展，汉使经滇国往身毒时被困在滇，一定了解了滇国水军了得，所以到汉武帝决心派兵开滇时，为了对付滇国水军，才有在长安开昆明池的“汉习楼船”之说。“习”既有操练之意，更有学习之意，学习的对象就很可能是拥有“楼船”的滇国水军。庄蹻时期，以滇池区域为中心建立的奴隶制国家“滇国”就是滇池地区第一个政治实体。据专家推测“滇国”的都城应该在滇池东南方向的今晋宁县晋城镇。滇国东部为夜郎国，北部是邛都国，西部有以洱海区域为中心的昆明国。“滇”和“昆明”是云南古代主要的奴隶制部落“国家”。

古代滇国是以高原湖泊为依托的众多部落组合体，其领域范围，大体上应包括今天的昆明市、曲靖市和玉溪市的大部，红河哈尼族彝族自治州、楚雄彝族自治州和文山壮族苗族自治州的部分地区。古滇国由庄蹻开创后一直延续至汉武帝时期。

（三）汉武开滇　尝羌归降

汉武帝消除了长期困扰西北边地的匈奴边患，西汉王朝国力达到巅峰状态后，汉帝国的国家利益开始向西南倾斜，需要打开西向身毒的通道。元封二年（前109），汉武帝派将军郭昌率兵进军西南，郭昌一路扫荡了众多部落联盟，直逼滇国。此时的滇王是尝羌，他自知难敌汉军，遂率部族出降。尝羌降汉后，汉武帝对他给予了特别的关照，不仅保留了他的王位，还令其“复长其民”继续做他的滇王，并专门铸了“滇王之印”赐予尝羌。为了巩固中央政府对“滇”的统治，汉武帝又命郭昌驻守滇池地区，并在包括滇池地区在内的云南广大地区实行郡县制，设立了益州郡，郡治设在滇人集中分布的滇池县（今晋宁）。滇国的文化应该与楚文化相通，因而也与由刘邦等楚人开创的汉文化相通。司马迁曾指出 “西南夷君长以百数，独夜郎、滇受王印。滇小邑，最宠焉。”为什么“滇小邑”会最受汉武帝的恩宠呢，因为“秦灭诸侯，唯楚苗裔尚有滇王。汉诛西南夷，唯滇王复为宠王。”滇与汉文脉相通，汉帝大约是突然在遥远的西南边地发现了与自己相似的文化，不禁惺惺相惜吧。滇池县在今昆明城南部 36 公里处，晋城上东街一带（今晋城供销社），现还有碑石一块，上书“汉益州郡滇池县治故址”，1922 年晋宁县知事袁丕镛及阖邑公民立，碑文由石屏袁嘉谷撰题，昆明陈荣昌书写。1983 年 11 月，晋宁县人民政府将此碑公布为晋宁县文物保护单位。

1955—1960 年考古工作者在晋宁石寨山先后

进行了四次考古发掘，共清理墓葬50座，出土了大批文物。其中，最重要的是1956年底进行的第二次发掘。这次发掘清理墓葬20座，出土文物4000余件。奇珍异宝，美不胜收。举世闻名的滇王金印，就是在这次发掘过程中，在第6号墓出土的。

石寨山在晋宁县上蒜乡石寨村西，位于滇池东岸。它东距晋城约5公里，西临滇池约1公里，南北长500米，东西最宽处200米，总面积约5000平方米，最高点为33米，是一座石灰岩构造的小山丘。西面因早年受滇池水的冲击，岩石陡峭；东南地势平缓，成一坡地。从远处眺望，山形酷似一条巨鲸横卧，故又名鲸鱼山。

石寨山第6号墓长4.2米，宽1.9米，深2.85米，墓内发现各种器物172件，其中有滇国重器贮贝器5件、铜编钟一套6件、带金鞘的剑5件，以及黄金珠、大量玛瑙、车马饰品等，显示出一代滇王的显赫威风。金印“滇王之印”，印纽系蛇纽，盘曲而蛇首昂起，蛇身有鳞纹，凿有阴文“滇王之印”。滇王金印的出土证实了《史记·西南夷列传》的文字记载真实可靠。1965年，云南省人民委员会将石寨山遗址及古墓群确定为第一批省级重点文物保护单位。

西汉益州郡之下设24个县，其中郭昌县以今昆明为中心。郭昌县是以率军进入滇池地区的汉将军郭昌的名字命名的，后不久改为谷昌县，县城即称为谷昌城。昆明城北郊松华坝水库，旧称谷昌坝水库，谷昌城很可能就在其附近不远处。

谷昌城建设距今亦有2000余年，经西汉、东汉、蜀汉、西晋、东晋、南北朝达700余年，一直是滇中重镇。不过，谷昌城址早已湮没，遗迹现已难寻觅。

东汉时期，南中太守文齐、王阜等开始招募流散汉人入滇兴修水利，开垦荒地，安置居民，做了一些有利于社会经济和文化发展的事，使经济和文化有了发展。汉人移民的流入，改变了滇池地区以本土滇人为主的人口结构，汉人融入当地土著后将内地的一些文化带入了南中，逐渐形成一些与内地汉人有联系的方土大姓，并慢慢地取代了原来的氏族部落。

东汉时期古蜀安南道已成为滇池地区南接交趾，北接巴蜀的重要商道，据北魏郦道元《水经注》载，早在东汉建武年间，红河水路即成为从越南北部到桑王国（即今河口、屏边、马关一带）、贲古（即今蒙自、个旧一带）、益州的最便捷的通道，滇池地区则是这条通道上的重要节点。

1. 王褒持符　遥祭金碧

西汉末年，滇国牛羊遍野，骏马奔驰，金银丰富的传说深入内地。到汉宣帝时有方士向宣帝言，闻滇国富庶全是由于有金马神护佑，碧鸡神加持的原因，于是汉宣帝派著名文学家、谏大夫议王褒持节到滇池地区招引金马碧鸡之神到长安。王褒率队出行，行至成都时一病不起，无法履行使命，无奈只好抱病写下《移金马碧鸡文》，曰“敬移金精神马，缥碧之鸡，处南之荒，深溪回谷，非土之乡。归来归来，汉德无疆。广乎唐虞，泽配三皇。黄龙见兮白虎仁，归来归来，可以为伦。归兮翔兮，何事南荒”。王褒遥祭金马碧神后，未及等到回复便病逝了。此事说明，西汉时益州的富庶和文化已成为内地口口相传的神话。

王褒没能见到金马碧鸡，却留给昆明一段佳话，为历代文人韵士所乐道。明代《南诏野史》

称“天竺国阿育王有三子，王有一神马，三子争之，王令放马，得者与之。三子至德追至东山得马，即今之金马山。长子继至，闻得马，屯西山。时碧凤在山，土人呼之碧鸡。至蒙氏封二神为景帝”。为民间传说涂上了神佛色彩。明初，曾在城外修建金马坊和碧鸡坊以彰风水，此后两坊成为昆明城市的文化标志性建筑，尽管每逢战乱两坊多少都要被祸及，但总是会被后人再修再建。嘉靖二十五年（1546），谪居昆明的杨慎，持王褒的《移金马碧鸡文》请友人用隶书体镌刻在西山三清阁下的千步崖上。民国初年滇中名士赵藩见碑上的字已泐蚀，又找人复镌于上。金马碧鸡的传说成为昆明的历史文化不灭的符号。

2. 马援南征　苏文探泉

东汉初年，交趾北部（今越南北部）雒将诗索因东汉官府的横征暴敛而密谋叛汉，为官府所杀，其女征侧、征贰姐妹为父报仇，率众起义，杀了交趾太守苏定。起义军很快扫荡了交趾全境，夺得65座城池，征侧自立为征王。汉光武帝于丙辰年（56）派马援率军八千至合浦，汇合浦兵两万，进入交趾镇压二征。马援兵至交趾后，很快平定了二征，收复交趾全境。返回时因益州蜀郡守将史欣叛乱，又分兵一路转进益州平叛。大军行至安宁附近，部将苏文达因病留下疗养，一天苏文达漫步郊游，走到凤山之巅，但见山脚处白气升腾，他寻踪而觅，在江边山脚处见有温泉从沙中迸涌而出，大者如龙吐水，细的若喷碎玉，水色澄明，碧如翡翠。安宁碧玉泉从此方为人知。1961 年诗人郭沫若曾有“泉号安宁水甚温，汉时开拓忆苏文”的诗句，说的就是这段历史。马援南征路过安宁之事，汉史并无记载，但苏文达开温泉的记载却映证了“古蜀安南道”经过昆明向东南通往安南的传说。今安宁火龙寺的元代《先王先帝考碑记》有汉将苏文达跟随马援南征交趾，因瘴气所困，患病留在滇中，发现温泉之事。在明代的《新唐书·南诏传》中则记载，天宝七年（748），玄宗命何履光带兵平定南诏境，取安宁城，“复立马援铜柱”。这“复立”之说，一是说明唐天宝之前，安宁境内曾立过马援铜柱，而且立柱的目的很可能是划定汉益州与洱海国之界，并以威示滇池以西的各部落国家；二是说明昆明自东汉时已是面向西南的重要军事基地，安宁以有盐井而在西汉时就已开发，到东汉时已成为可以屯驻和转运大军的要塞。

3. 诸葛盟蛮　羁縻治边

东汉末年，由于内地地方割据势力抬头，中央控制能力衰弱，南中大姓乘机崛起，掌握了滇池地区的地方政权。三国时期，益州大姓雍闿于蜀汉建兴元年（223）叛乱，杀太守正昂。朱提（今昭通）孟获等亦反叛，直接威胁蜀国后方。蜀汉建兴三年（225），诸葛亮率兵讨伐，“五月渡泸（即今金沙江，一说为怒江），深入不毛（今缅甸八莫，缅语读音 Burma，）”，采取了“西和诸戎，南抚夷越”的战略方针，即主张民族和解，族际和谐，又采取“攻心为上，攻城为下；心战为上，兵战为下”的策略，对孟获、爨习等南中大姓的代表人物，采取武力威慑与安抚并用的政策，七擒七纵，终于慑服其心，稳定了南中，把争取过来的南中大姓任用为地方官吏，如爨习为军领，孟获为御史中丞。今昆明境内的嵩明县城中仍保留有传说为诸葛与孟获盟誓的“盟蛮台”遗址，七擒七纵虽只是传说，但却反映了蜀汉对南中大姓的基本政策。南中平定后，诸葛亮将南中四郡调整为七郡，郡以上设都督统管。其中，将益州郡改为建宁郡，领 17 个县，郡治由滇池县移至味县（今曲靖），隶庲降都督管辖。诸葛亮为巩固南征成果，从蜀汉主要敌人是北方强魏的现实出发，对南中实行了不留兵、不置官、不运粮的三不政策，瓦解了南中地方势力的反叛意志和利益冲动，稳定了蜀汉后方，也促进了滇池地区社会经济的发展。诸葛亮治理南中的策略成为后世中央王朝无力西顾时治理西南边疆民族地区的重要参考，也是后世土司羁縻制度的前身。

（四）爨氏自雄　隋军收滇

西晋泰始六年（270），司马炎认为益州所辖郡县太多，不易管理，遂将原南中四郡（建宁、兴古、云南、永昌）分划出来，设宁州。太安二年（303），又把建宁郡分为晋宁、建宁二郡。其中，晋宁郡治所设于滇池县（今晋城），辖滇池县、谷昌县等。而建宁郡治所仍设于味县。

西晋末年，王朝宗室诸王争权夺位，内乱不断，战祸连连，地方官吏横征暴敛，需索无度，终至民不聊生，国势衰落，中央政府自顾不暇，南中大姓爨琛趁势崛起，东晋咸和八年（333），爨琛遂自立为王。东晋朝成帝司马衍封爨琛为宁州刺史，承认其世袭，赋予爨氏长期统治云南以合法性。此后到750年左右，爨氏统治滇池地区达480多年。由于这一时期中原大部地区战乱频仍，烽火连天，王朝更替频繁，百姓流离失所。而偏居一隅的南中宁州则较为安定，经济和社会都有了发展，出现了“户户殷众，金宝富饶”“邑落相望，牛马蔽野”的局面，文化事业也颇有发展。

隋文帝杨坚统一中原后开始重新经略西南，开皇十七年（597），隋在谷昌置昆州，辖益宁（今昆明）、晋宁等县，命爨翫为昆州刺史，并设昆州城。昆州城的所在地，云南书志未载，但《蛮书》曾记载，昆池在拓东城西，南北百余地，东西四五十里，水源从金马山东北来，水阔二丈余，清深迅急，至碧鸡山下，为昆州，因水为名也。现在碧鸡关下，滇缅公路左侧，还有一块周长约1.5公里，靠山临水的缓坡地，有人推测那就是昆州城故地。隋在昆州设治后，爨氏等南中大姓仍尾大不掉，对朝廷官吏轻慢无礼，对中央政府也时叛时服。为彻底解决地方大姓势力的反抗，隋文帝特派将军史万岁领兵进攻云南，史万岁骁勇善战一路南下，一直打到渠滥川（今昆阳）攻破爨氏30余部，爨翫被迫投降。次年爨翫再反，隋将杨武通再次率部入剿，将爨翫、爨宏达父子俘获押往京城，爨翫被斩，爨宏达被贬为奴，爨氏势力从此衰落。唐初，为重开南中，将关押在京的爨宏达放出，并任其为昆州刺史，利用其在南中的影响，诱诸部附唐，于是西南各少数民族上层纷纷归附。隋末，爨氏内部已分化为两大势力，即东爨和西爨，以今建水、曲靖一线为界，东部为东爨，西部为西爨，史称东爨乌蛮和西爨白蛮。唐王朝为了打击地方割据势力，加强了对爨氏的控制，天宝元年（742）拟沿“古蜀安南道”修建一条从安南（今越南）经步头（今建水）至戎帅（今四川）的交通干线，并在昆明附近产盐的安宁筑城驻军把守。这条线纵贯爨区，引起爨氏部族首领的恐慌，以昆州刺史爨日进、南宁州刺史爨归王为首，发动了大规模的暴动，攻陷安宁城，杀掉筑城使。为平息爨氏之乱，唐王朝命在洱海地区蒙舍诏的皮罗阁出兵讨爨，皮罗阁一方面借机迫爨氏降服，把自己的势力向东扩展，一方面为爨氏说情，成为爨氏的保护者，并将两个女儿分别嫁给爨日进和爨归王的儿子。不久，爨崇道杀了其叔爨归王和爨日进，皮罗阁利用爨氏自相残杀之机，趁势剿灭了爨氏，并以武力胁迫滇中地区的西爨白蛮20万户迁往滇西永昌。东爨居民闻讯则四散逃离至深山老林。唐朝借南诏蒙舍消灭了爨氏统治势力，却并未实现直接统治云南的目的，反而为后来南诏东进，取爨而代之，割据一方提供了条件。

隋唐时期昆州的行政设置时间很短，其城址城貌亦已不可考，我们今天能比较准确指出的历史上的昆明城，应是8世纪（唐朝中叶）南诏政权初期建立的拓东城。

（五）唐蕃争雄　南诏崛起

七八世纪是世界历史上大国崛起的时代。622年开始，伊斯兰的先知穆罕默德在阿拉伯半岛开始了他创建伊斯兰教和统一半岛的战争，经过10年的传教和征战建立起阿拉伯民族的统一国家，使分裂混乱的半岛跨入了“文明时代”，开启了雄霸欧、亚、非的帝国时代。而同一时期，617年，大唐帝国在中华大地上崛起，很快就北扫突厥，建立起地跨东亚的超大帝国。618年，横跨喜马拉雅的吐蕃帝国也在雪域高原崛起，向东北灭了吐谷浑，进占河西走廊，开始与大唐争雄天下。在稍后的649年，在云南西部偏僻的巍山城里，蒙舍诏的细奴逻宣布建立“大蒙国”，开始了南诏兼并洱海各部族，统一云南各地，东拓“西开”，辐射东南亚、南亚的历史征程。南诏的崛起是中国历史上一个特殊的历史机缘造成的。在唐与吐蕃的对峙中，唐对吐蕃大多处于守势，主要是战略防御，以和亲等形式缓和关系。为了抵御吐蕃的攻势，唐王朝以建立若干羁縻州、府作为与吐蕃的缓冲地带。此一时期的滇池地区处于唐王朝的有效控制下。洱海地区是吐蕃南下的必经之地，唐和吐蕃都在此竞相扶持亲自己的势力。洱海地区有六个较大的部族，号称六诏，南诏是其中之一。唐王朝十分重视洱海地区对于阻遏吐蕃南下的战略价值，在这里既设州、府，也封那些亲唐的土酋为王，代理地方管治。蒙舍诏建大蒙国后，在唐蕃之间选择了亲唐路线，奉行“忠奉大唐”的政治策略，在唐蕃之争中坚定地站在唐朝一边，积极参与镇压反唐势力的战争，借机壮大自己的实力，削弱其他部族势力。蒙舍的“忠奉”得到了唐朝的回报，他的儿子被唐王朝授阳瓜州刺史。有了唐朝的支持，蒙舍诏也就得到了洱海地区拥唐联盟盟主的地位。674年，在唐王朝的组织下，洱海地区九大首领在弥渡的白崖祭铁柱会盟，共同成立拥唐联盟，蒙舍诏被确立成为盟主。这段云南历史在后来的大观楼长联中称为“唐标铁柱”。会盟后蒙舍诏继续不断地进行着对其他部族势力的兼并工作，738年唐王朝正式封蒙舍诏王皮罗阁为“云南王”，并支持他吞灭了尚存的越析、邓赕、浪穹、施浪四诏，统一了洱海地区。739年皮罗阁迁都太和城，正式成立南诏国。

南诏王国的建立终结了洱海地区部族林立、分散的状态，并为终结东晋以来云南境内地方割据的局面，建立全境统一的政权体制奠定了基础。南诏国的出现和发展是中国历史上的重要事件，南诏是中国西南少数民族建立的政权，其建国后迅速扩张疆域，积极吸收唐朝文化，建立了一套与唐朝体制相仿的长效治理机制，有效地推进了经济、社会与文化的发展。南诏统一云南，经过大理国时期，为元朝建立统一的多民族国家和在云南建省提供了条件。在南诏国的政治经济制度上建立的大理国，承袭了南诏的文化，摒中原的战乱纷扰于境外，创造了300多年相对安定的历史环境，为云南各民族繁衍生息提供了和平稳定的环境，也促进了云南各地的城市化进程，南诏和大理时期所建拓东城、鄯阐城乃是今天昆明城正式建城的开始。

南诏统一洱海地区后，吐蕃视其为与唐争夺的对象，吐蕃王册封南诏王阁罗凤为“东帝”，给金印，号“赞普钟”，意思是兄弟王，与吐蕃王是平等的。比之唐朝封的与唐朝皇帝只是子侄辈的“云南王”地位要高许多。吐蕃为削弱唐的实力，支持南诏向东拓展。南诏也借协助唐平爨乱之机顺势不断向东扩张，将其势力深入到滇池地区，甚至直接控制了安宁连然的盐池。随着南诏向东扩张的进展，唐王朝对南诏的政策转向防范和压制，双方矛盾加剧，关系日益紧张。天宝八年（749）唐玄宗命何殿光率兵讨伐南诏，夺回安宁城，并重立了东汉南征交趾的伏波将军马援立的铜柱，以示弹压南诏的坚定决心。天宝九年（750）南诏王阁罗凤起兵攻破姚州、安宁。天宝十年（751）剑南节度使鲜于仲通率军8万再征南诏，阁罗凤恐不敌唐军，再三派使前往求和不允，只好转而求助于吐蕃。南诏、吐蕃合力进击，唐军大败，被歼 6 万余人。战后，南诏不再奉唐朝为正朔，将天宝十一年（752）改为“赞普钟元年”，正式与唐王朝分庭抗礼。天宝十三年（754），唐朝军队 20 万人在云南督都李宓的统领下对南诏进行第三次讨伐，在太和城与阁罗凤对峙，南诏军避战不出，唐军却因粮草不足，又遭遇瘴疫，只好放弃攻城，退兵时被阁罗凤率兵掩杀，李宓提刀登船而战，落入西洱河后沉江而死，20 万大军全军覆没。消息传到长安，举国震动，朝野对再征南诏视为畏途。很快，天宝十四年（755）唐朝内部发生安史之乱，再也无力顾及云南，阁罗凤则乘胜东进，统一了云南。天宝战争结束了李唐王朝对云南的统治，成为唐朝由盛而衰的重要转折点。战争的另一结果是使唐及其后的中原赵宋王朝不敢有过大渡河之想。而南诏和其继承者大理国却由此开始了对云南全境 480 多年的统治，避开了唐末和五代内地的战乱，为云南赢得了又一个和平稳定的时期，并为昆明发展为全省性政治、经济、文化中心城市打开了历史的大门。昆明城内曾有“太和街”（今北京路）就有纪念太和城战役的意思。

南诏王阁罗凤死于大历十四年（779），这时，吐蕃王有意压制南诏，在立异牟寻为南诏国主时改封为“日东王”，将兄弟之邦降为藩属之国。此后，又常驱南诏之兵为吐蕃军队的征唐先锋，且加重南诏的贡赋。此时的南诏王异牟寻对吐蕃的压制和盘剥十分不满，于是接受了清平官（宰相）郑回的建议，谋求归附唐朝，改善与唐朝关系，借唐的力量牵制吐蕃。异牟寻密使与唐沟通，唐也有意以南诏牵制吐蕃，两下一拍即合，唐贞元十年（794），唐王朝派使臣袁滋到云南册封异牟寻为“南诏王”。同年，南诏大破吐蕃军，基本上解除了吐蕃的威胁，南诏与唐王朝关系进一步改善。南诏后来虽还有多次北犯唐境的情况，但由于唐势已衰，唐军基本处于守势，并无大的反攻。南诏自细奴逻至舜化贞共 13 王，合 347 年（南诏亡于 902 年），有 10 个王接受唐王朝的册封。

天宝战争对唐王朝的打击是沉重深远的，在中晚唐时期人们的心里留下了巨大的阴影，在杜甫和白居易这两位相隔 50 多年的唐诗大家的《兵车行》和《新丰折臂翁》中，对这场历时5年的征战带给内地人民的苦难和怨忿给予了十分痛切的描绘。这也许可以解释后世的宋太祖何以勒马大渡河的心理障碍。

总的说来，南诏初期是唐朝扶持起来，又为吐蕃所利用的地方政权，是在唐、蕃争霸中催生的云南少数民族自建自治的王朝，与后世的辽、金、西夏等北方少数民族建立的王朝性质相似，且传续更长，国土幅员更大，并对东南亚各国的历史文化走向都有深刻影响。在南诏最盛时期，其疆域东接今云贵川边境，西抵今缅甸北部和印度的阿萨姆，南至今越南边境、缅甸中部，西南至西双版纳、老挝全境和今泰国的清迈、清莱，北达金沙江的广大地区。而拓东城则是南诏东扩的重要战略基地。

二、建　城

（一）唐败天宝　南诏东拓

当南诏势力向滇池地区发展之际，唐天宝二年（743），南诏王阁罗凤亲自到昆川巡视，盛赞昆明一带“山河可以作藩屏，川陆可以养人民”，认为滇池区域很有必要建立重镇，加大发展，以利于南诏的巩固。于是在唐广德二年（764），阁罗凤命长子凤伽异去滇池北岸，进行规划、设计和组织施工，建立城池。经一年的努力，于永泰元年（765）建成，命名为“拓东城”，寓南诏将“开拓东境”之意。凤伽异自幼受唐文化熏染，7岁时就到长安游历了一年，觐见了唐明皇，受过系统的儒学经典教育，是南诏上层中最有见识和胆略的知唐派人物。凤迦异以副国主的身份坐镇拓东城，他率军入驻滇池地区后，调集了周边的部落人民，先用一年时间筑成以军事功能为主的城池，又用十年的时间从洱海和其他地区迁调了数万技术移民进入滇池地区，开垦了十数万亩良田，建设了商业区和行政中心、文化中心，使拓东城很快地壮大起来。凤迦异以拓东城为前进基地，向东、南两路进军，南路以通海为据点，设通海督都府，控制了通往安南的步头（今建水）。东路经曲靖直抵贵州的乌江、沅水，征服了当地的部族，设置了驿站和军事据点，使拓东城真正成为南诏东部重要的政治、经济和文化中心。凤迦异镇抚昆川，设立拓东节度，为南诏六节度之一，由大将军统领，管控滇东和黔西的广大地区。拓东节度辖区除拓东城外，还设有官桥渡（今官渡高桥）、安宁镇（今安宁城）、龙和城（今禄丰县城）、晋宁川（今晋城）、新封川（今石林县城）、龙封驿（今玉溪城）、求州（今武定县城）、升麻川（今寻甸县城）、曲轭川（今马龙县城）、量水川（今江川县城）、石城川（今曲靖城）、龙和遇川（曲靖之南越州）、螺山（今昆明大普吉）、鹿弄川（今陆良县城）。此外，辖区内还修筑了拓东龟城（今昆阳）、蒙氏城（今安宁）等作为拱卫，是为最早的滇中城市群。拓东城建成后即成为南诏的“东京”，又称“别都”“东都”或“上京”，而太和城和之后的羊苴咩城则改称为“西京”。今天昆明市城区尚有拓东路，就是为纪念南诏拓东城而命名的。

拓东城具体位置在今日何处，据目前文献资料及考古发掘证明，应在今昆明市主城区南部，地跨盘龙江两岸，北起人民东路，南至金碧路一带，东起五里多、拓东路，西至得胜桥一带。也有人认为今拓东路、和平村、塘子巷一带才是南诏拓东城故址。

拓东城周长约3公里，是一个狭长的土城，由于防御需要，东、南、北三面有城墙，河上有木桥可通滇池西岸，其形制类似南诏的太和城。

拓东城既参考了羊苴咩城的形制，也有唐时长安城市的影子，城内设置内有王宫、官署、馆驿、寺庙、善阐台（在今南天台）。其风貌在唐宪宗元和三年（808）异牟寻的儿子寻阁劝与臣僚在善阐台所吟诗中“避风善阐台”和“河阔冰难合，地暖梅花开”等句可略知一二。诗中“河”即萦城银棱河，“地暖梅花开”形容昆川四季如春的气候。

829年寻阁劝称帝，正式将拓东城命名为鄯阐城。

1. 西开寻传　再通天竺

在南诏统一云南的过程中，除向东拓展外，阁罗凤还尽力向西开拓，所谓“西开寻传”。“寻传”是南诏对澜沧江以西及怒江流域的广大地区，包括永昌、巂唐、不韦等两汉以来所设的郡县的统称，其中永昌早在东汉时期就已是滇西的繁盛之地。南诏前身蒙舍诏即将这一地区作为自己的战略后方加以兼并统辖。唐安史之乱后，阁罗凤审时度势，确立了“慎对唐蕃，经营永昌，西开寻传，东定昆川”的战略，一方面让凤迦异主持朝政，东进昆川，一方面则亲率大军向西发展，一路上收服沿途的土著部落，按南诏体制分别给予设置、分封，筑城、驻军、教化。在永昌节度以西，阁罗凤设置了丽水节度使，在恩梅开江和迈立开江合流处东岸开筑了丽水城（今缅甸打洛）为首府。丽水节度地域广阔，人烟稀少，其东至永昌，北接吐蕃，南至骠国（缅甸中南部），西南抵弥诺国（今缅甸西南部海边）、弥臣国（今缅西部海边）、小婆罗门国等。下设寻传、长傍、摩零、金宝、弥城等五道。一路建造了安西(今缅甸孟拱)、宝山(今盈江)、金宝(密支那)、苍望(八莫)、牟郎、门波、广荡(今缅克钦邦钦底)等土城池。“西开”寻传是南诏向西开拓的尝试,“西开”实际上是沿古天竺道和博南古道展开的,两条古道自古就有,是中印两大文明连接的通道。由于寻传之地是喜马拉雅南麓的延伸地带,山高谷深林密,河流湍急,人烟稀少,两条古道交通十分困难,“西开”所辟的疆土领地基本上只具象征意义,所设置的丽水节度其实并无力管辖那么广阔的地域,只能以比羁縻更松散的封号形式将各地的土著收入南诏名下。但“西开”毕竟使南诏势力深入到了中南半岛直抵印度洋,开辟了与古印度地区和中南半岛国家的陆疆联系。“西开”的成果对拓东城而言意义深远,拓东城成为中国内地人流、物流通往天竺的重要中转站。在唐人贾耽的《记天竺道》中,就详细记述了由拓东城向西至骠国,再往西至东天竺、中天竺,直到恒河西南千里之外的摩羯陀国的具体路线和各重要城市、地方的里程。可见由于“西开”,拓东城在唐时就已成为中国联结东南亚、南亚的重要枢纽,昆明在地缘战略上的重要性突显出来。

2. 佛教西来　双塔留真

“西开”在把南诏“以唐为本”的文化传到中南半岛的同时，也把半岛流传的上座部佛教引入南诏。骠国（220—832）是伊洛瓦底口流域的上座部佛教国家。南诏本无上座部佛教，通骠国之后上座部佛教迅速传入，很快就在南诏社会传布开来。骠国的佛教经典、寺庙佛塔影响在南诏的羊苴咩城、拓东城随处可见。骠国的佛教词曲及舞伎更是经南诏翻译后传入内地。佛教文化和佛教建筑成为拓东城的重要标识。唐文宗太和三年（829），南诏弄栋节度使王嵯巅请中原内地工匠尉迟恭韬在拓东城西一里外的滇池水滨建觉照、慧光二寺庙，并在庙中分别建了东、西二塔。

觉照、慧光二寺，今已不存。明代万历年间修理觉照寺时，还可以看到觉照寺的瓦片很大，连椽处无钉头，以藤系束的修建技术；慧光寺佛殿梁上有字，记载了唐代年号。

东、西两塔至今尚存于昆明城内书林街和东寺街。两塔均为 13 层高的密檐式方形空心砖塔，东西对峙，巍峨壮丽。西塔高 35.54 米，原在西面的慧光寺内，慧光寺又名西寺，故名西寺塔；东塔高 40.57 米，原在觉照寺内，觉照寺又称东寺，故名东寺塔。又因东寺塔顶四角各有一只铁制贴金，形似雄鸡的迦楼罗，其中面向西南的两只，喙内装有铜质舌簧管笛，每当刮西南风时就会叫响，所以俗名金鸡塔。东寺塔于 1833 年因地震而倾塌，现存塔是 1887 年在距原塔基以东数百步的地方，仿西寺塔的规模和形式重建的。西寺塔虽经历代较大修补改动，仍不失其原有形制，是昆明地区现存最古老的建筑物。从外表看，东、西寺塔与大理崇圣寺三塔之主塔的造型相似，塔的最宽处不在第一层而在第八层，从第九层起迅速收分，塔身呈流线型，形似雪茄。塔的各层出檐的断面皆呈弧线，与内地直板结构不同，建筑的技术和工艺都很高超，反映了南诏文化发展与唐朝中原地区的细微差异。东寺塔和西寺塔皆在 1983 年被列为第二批云南省级重点文物保护单位。

南诏的拓东城建筑今天基本上已无迹可寻，但东、西寺塔的存在，可以从中窥见当年拓东城的建筑艺术、技术水平及其总体面貌。从这个意义上说，东、西寺塔的存在是昆明正式建城 1250 多年确凿的历史见证。

此外，在今圆通山（原名螺山）采芝崖石壁上，尚保留有南诏王异牟寻于兴元元年（784）巡游此地时，命臣下刻石记事的铭文，至今仍清晰可见。今五华山侧的华山小学，旧为土主庙，据文献记载，这个土主庙建于南诏时期。这些都是南诏拓东城留下的宝贵文物。

一些佛教寺庙，如圆通山下的圆通寺、玉案山的筇竹寺等也始建于南诏，但因建成后多次毁坏，重建时已与当初形式多有不同。圆通寺建于南诏时期，具体时间不详，初名“补陀罗寺”是观音菩萨道场，与南诏时期居民奉行的观音崇拜相应证。该寺后因水患毁坏，元初才由大休禅师组织重建。圆通寺以崇祀观音为主，清末重修时将圆通宝殿的主尊改为释迦三世佛，观音像则前置于殿前八角亭内。该寺大殿后方，现供有泰国所赠铜佛，配殿则为藏传佛教场所，佛教三大支系共存于圆通寺，是近世之事，但其以南传为主却是建寺之时的正本。玉案山的筇竹寺始建时间在明代郭文所撰的重建碑记中有“玉案山筇竹寺，滇之古刹也，爰自唐贞观中鄯善侯高光之所建也”的记载。该寺与圆通寺建在山脚水洼之地不同，建在林深草茂的玉案山间，建成后屡次被毁于火灾。直到清末迁至现址后才留存至今。

拓东城兴建后，滇池地区的政治、经济、文化中心，就从滇池东岸的晋城一带向滇池北岸平缓开阔、具有发展前景的盘龙江三角洲一带转移。拓东城开昆明城市发展的先河，在云南城市史上有着重要的地位。

南诏是开放的王朝，还在蒙舍时期就把学习唐朝的文化作为强本之道，鼓励贵族子弟学习汉学经典。凤迦异、异牟寻等都曾游历长安，对汉唐之盛耳闻目睹，对唐的典章制度顶礼膜拜。在与唐王朝和好时期来往密切，南诏崇奉唐朝文化，学习和引进甚至掠劫唐朝先进的农业、手工业技术，使南诏的农业、手工业得到很大发展。南诏盛产铜、银、锡、铁矿，其生产的刀剑戈矛等兵器质量上乘，声名远播。南诏更是畜牧业的强国，滇马贸易是南诏与唐和吐蕃、安南的最大宗贸易。南诏的丝绫锦绢得自被掠入南中的成都等地技术奴隶的真传，在内地和吐蕃一直享有盛名。拓东城由于地靠唐境，有多条通道与内地连接，又有汉、爨以来的民族融合的文化积累，更是唐、诏间繁盛贸易的商业中心。唐建中二年（781），南诏改拓东城为鄯阐城，不久又置鄯阐府。南诏历代国王都对拓东城极为倚重，自凤迦异始，历代南诏国王都在此长期巡驻过，其中凤迦异、寻觉劝、劝龙盛、劝丰祐、隆舜均死于拓东城后才返葬滇西。

3. 宗榜征骠　传说缥缈

南诏军队曾在832年在权臣王嵯巅的率领下攻入骠国，占领都城，俘虏国王，兼并18个属国，宣布南诏王为骠国的君主，是最高的王。南诏将骠国王公、贵族3000余人迁往鄯阐城，从此骠国只是南诏的藩国，南诏疆域扩展到印度洋。858年，南诏第八代王劝丰祐时，狮子国（斯里兰卡）再次向骠国发动侵略战争，骠国不敌，派使向南诏王求救，劝丰祐派大将军段宗榜率20万军救骠。段军深入骠国将狮子国军队打退，骠国国王和臣民十分感激，赠送佛舍利和6尊金佛以谢南诏王和段大将军。段宗榜迎舍利东归，至金齿时，即有人从南诏鄯阐城报来消息，说“前日诏王驾崩，幼主世隆继位，现由清平官王嵯巅摄政。早怀篡位之心，将军应早作打算”。王嵯巅在南诏清平官位上40余年，在朝擅权独断，劝龙晟死时王嵯巅已是朝中权臣，他一手立劝丰祐继位，并把持朝政多年。劝丰祐后设法将其调离中枢，担任弄栋节度使。段宗榜听到王嵯巅再次摄政的消息后，毅然决定先下手为强，派人回到羊苴咩城，请王嵯巅亲自到金齿迎舍利和金佛。王嵯巅听说有舍利和金佛，便答应了。王嵯巅来到金齿，才进到营门就被两旁伏兵拿下，王嵯巅大叫，“我是南诏清平官，受王之命前来迎佛，你们吃了豹子胆了，敢来捆我”。段宗榜对他说：“我不但要捆你，还要杀你！”王嵯巅不服说：“我犯了什么罪，违了哪条法？”段宗榜说：“先王劝龙晟待你恩重如山，曾封你为弄栋节度使，官高爵显，备享荣华。你不思报效，反而心怀不轨，弑害国君。单凭这一条就可以砍你的头。”说罢令人将王嵯巅推出斩首。段宗榜杀了王嵯巅的消息传到羊苴咩城，国王世隆额手称庆，宫内百官拍手称快。段宗榜回朝后被封为清平官，他协助世隆把南诏治理得井井有条，创下了南诏史上的建极盛世。

段宗榜是昆明宜良县汤池人，传说其母姓洪，因夜梦与土主神交而生下儿子。家人为遮羞，将新生儿置于糠箩之中，欲断其性命后弃之。3 日后探之，见婴儿依然健康活泼，才决定将其留下，取名粗糠宝。粗糠宝自幼家贫，从小就能干活出力，力大无比。后得土主神传与武功和神器，勇武无双。17 岁时南诏招兵，粗糠宝投军，后屡立战功，获封将军，得南诏王劝丰祐赐名段宗榜。段宗榜死后被尊为本主神，至大理国时，国主段氏为神化自己的族源，认段宗榜为祖并大力推崇，段宗榜被尊称为“爱民皇帝”“中央本主”。今大理洱海的南诏风情岛仍塑有段宗榜的巨型铜像。而在昆明宜良汤池地方，白族群众自明清时期就有供奉“洪氏圣母”之俗，并有在每年农历三月三段宗榜归天之日举行迎本主上西天的庙会活动，今此风仍存。

（二）大理承袭　鄯阐城兴

南诏末期，由于统治集团内部权力斗争加剧，君臣矛盾加深，897 年南诏王隆舜在拓东城被权臣杨登所杀，其子舜化贞在羊苴咩城即位。此时的南诏由于连年发动的对外劫掠战争不利而国力虚耗，民不聊生。902 年舜化贞病死，留下一个刚满月的婴儿，清平官（宰相）郑买嗣发动政变，将蒙氏家族一门800余口全部杀尽，南诏正式终结。南诏政权崩溃后至大理国建立之前的36年中，整个云南及其附近地区（原来南诏疆域范围之内）动荡不稳，宫廷内权斗不息，政变迭起，社会混乱，先后建立过三个过渡性的政权，即长和国（902—928）、天兴国（928—929）、义宁国（929—937）。

在大动荡期间，曾任通海节度使的大理人段思平暗中联络高氏贵族集团，与滇东三十七部爨蛮和洱海地区各部落的首领共同策划推翻义宁国的统治。936年段思平纠合三十七部在曲靖起兵，向西直抵蒙舍，推翻了义宁国统治者。937年段思平即位，建立起大理国。大理国至宋宝禧元年（1253）灭亡，共传22代，延续316年，大体上相当于宋朝起讫的时间。

据《南诏野史》《白古通纪浅述》《滇载记》记载，“段氏之先，武威郡人。俭魏有功，赐名忠国，擢清平，六传而生思平”。因此可断定段思平是汉裔白蛮。段思平祖上虽然簪缨世家，威名显赫，但是到段思平出生时，因南诏已亡，其父早逝，而家道中落，已成为前朝的没落贵族。

段思平年幼时，每日清贫度日，年纪稍长一点，又在山中牧羊为生。世宦家庭培养出了他的治世才干及文韬武略，而贫困的劳动生活，又使他有机会接近下层民众，体察民间的疾苦。

由于段思平武艺超群，才干出众，最初被升为幕览，后来积功升至通海节度使，成为统辖一方的大将。

大理立国后，其疆域基本上继承了南诏的疆界，在南诏区划的基础上，设置八府、四郡（镇）、三十七部。这些区划设置，为元代在云南设立行省和路、府、州、县奠定了基础。

段思平建立大理国以后，废除南诏的奴隶制残余，曾进行了一系列带封建性质的政治、军事、社会及经济改革，对于大理国时期的经济社会发展和文化建设具有重要的推动作用，促进了当时云南全境的社会发展，使大理政权得以巩固，社会长治久安，持续稳定，并延续了316年之久。

大理政权存续的10—13世纪是中国历史上宋、辽、金、西夏并立的时期，这期间，宋据有中原大部，而辽、金、西夏都是中国的北方民族政权，与宋是平行的政治实体。辽、金、西夏的全部历史几乎都伴随着与北、南两宋的战争纷争，给两宋带来巨大的国防压力和政治压力，成为主导两宋政权国家战略防御的首要方向。但大理政权却不同于辽、金、西夏，大理国统治者吸取南诏后期不断发动对外战争，不断与唐和吐蕃争锋，弄得国弱民疲，最终走上崩溃的历史教训，在统治云南的300余年间采取了保守内收的基本国策，很少发动大规模的对外战争。段思平即位的937年，北方尚处于五代十国割据兼并的动荡之中，南诏北邻的后蜀境内分布着唐后期为遏止南诏北袭而设置的众多羁縻部落，北宋王朝的建立还远在20多年之后。但大理政权不仅没有北进，反而在965年宋军平定后蜀后即向北宋表达通好之意。此后大理国主仍不时主动地派黎州诸蛮向宋朝进奉，到976年大理国竟然向宋王朝提出要“内附”于宋的请求，宋王朝的回应是先后封大理王为“云南八国都王”，“云南大理国主、统辖大渡河南姚州界山前山后百蛮三十六鬼主、兼怀化大将军、忠顺王”，“特授检校太保、归德大将军、忠顺王”，“云南节度使、金紫光禄大夫、检校司空、上柱国、大理王”等头衔。但大理主虽被封为“云南八国都王”却“不与朝贡”。1038年，大理再次上表于宋请予册封，再次被拒。宋王朝摒大理于外的决绝态度，引起后世史家的猜测，引申出了“宋挥玉斧”的典故。南宋《建炎以来系年要录》追述说：“翰林学士朱震言，“大理国本唐南诏，大中、咸通年间入成都，犯邕管，召兵东方，天下骚动。太祖皇帝鉴于唐之祸，乃弃越巂诸郡，以大渡河为界，欲寇不能，欲臣不得，最为御戒上策。”后世传言乾德三年（965），宋军平定后蜀后，统帅王全斌向朝廷建议乘胜攻取大理，并将大理地图奉上。但宋太祖鉴于唐朝与南诏上百年纠缠不清，最终败于南诏的教训，手执玉斧于图，划大渡河为界，声言大渡河以外之地不再用兵。而大理统治者也吸取南诏的教训，始终以事大的姿态对待赵宋王朝，多次主动贡奉，积极开展与宋朝的双边贸易往来，扩大马匹、银器、铜器、铁器、珠宝玉器、丝织皮毛的贸易，买回包括医书在内的各种书籍和生产、生活用品等。大理政权对两宋王朝的“事大主义”，有效缓和了南诏以来与内地政权的紧张关系，使大理政权能长期致力内政，免于战乱。

1. 高氏统领　佛国经幢

大理国设八府，鄯阐府是其中重要的一府。鄯阐府治所在地是鄯阐城（即南诏时之拓东城，后改名为鄯阐城）。鄯阐府辖有昆明、晋宁、嵩明、禄丰、易门、安宁、罗茨等县，其地域比今日昆明所辖区、县大得多。

大理国仍把鄯阐城作为东京，并设“东府”（地址后为明代的布政司所在地，即今云南省人民银行所在地）。大理国王分封开国有功的高氏为世袭鄯阐侯。鄯阐府辖区内，白蛮与乌蛮交错居住，或各自组成“部”，或共居于“甸”，或筑城自守。各部、甸、城相当于县一级的行政区，类似今天的民族自治县，隶属于府。大理国东方三十七部中有一部分在鄯阐府境内。

高氏在鄯阐任职的第五代，乌蛮三十七部起事，反对高氏的统治，蛮兵攻破了鄯阐城，全城几乎夷为平地，成为废城。战事平息后，高氏只好于鄯阐重新筑土城，称“新城”。新筑的鄯阐城比拓东城面积扩大了许多，越过盘龙江向西发展，城区中心移至盘龙江西岸，包括今文庙、人民中路、东寺街一带。东临盘龙江，南靠玉带河，西界鸡鸣桥，北至五华山。城际滇池，三面临水，既险且坚。既是全府的政治、经济中心，又是物资集散地。大理国官方及民间的商品，大多经过鄯阐城往邕州横山（今广西田东县）与宋交易。运出的商品有战马（每年数以千计）、丝织品、珠宝玉器、皮革、筇杖、赤藤杖、鞍辔、云南刀、披毡、麝香、药材等。从宋输入的有汉文书籍、丝绸锦缎、瓷器、铁器和各种精巧工艺品。大理和宋频繁的经济、文化交往，大大促进了鄯阐经济、文化的发展，形成“城大而名贵，商工甚众”的繁华城市。

佛教自阁罗凤西开寻传时传入云南后，即在洱海和滇池地区广为传播，829 年，南诏王异牟寻曾陪骠国王子、王妃亲往崇圣寺礼佛，将南诏的佛教进一步推向繁盛。到舜隆时就奉佛教为国教。大理国开国皇帝段思平笃信佛教，取得政权后更大力提高佛教的地位，他不仅奉佛教为国教，而且大建寺院，大铸佛像。《南诏野史》载：“思平即位，时天福（后晋高祖石敬瑭年号）丁酉二年（937）也，年四十四岁。建号大理国，建元文德仍都大理……帝好佛，岁岁建寺，铸佛万尊。”在段思平的倡导下，大理国上下都信奉佛教，各地都竞相建造寺院佛塔，全民信教。大理国也因之被称为“妙香佛国”。在东都鄯阐佛教建筑也大行其道，其中就有被誉为“滇中艺术极品”的大理国经幢。大理国经幢，又名地藏寺经幢，昆明人俗称“古幢”，位于昆明市拓东路地藏寺旧址内（这个旧址民国时期曾开辟为公园，称“古幢公园”，今在昆明市博物馆内）。

经幢为塔形，共7层，底面呈八角形，通高8.3米。底下幢基成鼓形，上刻八条蟠龙。幢身第一层刻汉文《大理国佛弟子议事布燮袁豆光敬造佛顶尊胜宝幢记》（即《造幢记》）及梵文《佛说般若波罗蜜多心经》《大日尊发愿》《发四宏誓愿》等佛经。第二层刻四大天王，天王之间的空隙处刻梵文《陀罗尼经》。四大天王面向四方，高1.2—1.3米，个个头戴宝冠，身穿甲胄，手持斧钺宝剑，脚踏夜叉，形象威猛。其中，面对北方的多闻天王，左手执戟，右手屈肘于胸前，托一小塔，足穿形似草鞋的芒鞋，两足为一夜叉的左右掌心所承托，左右侧又各有一夜叉，带有一定的地方民族色彩。第三层至第七层，雕刻许多佛、菩萨、天王像和金翅鸟、殿宇等，还有在云端凌空飞翔的飞神。共约有神像300尊，大者1米，小者5—7厘米。幢顶为莲瓣承托的圆球，经幢造型优美，雕刻技术精湛，反映了佛教密宗造型的特点。

然而，地藏寺经幢具有极高的历史和艺术价值。从《造幢记》中可以看出，这座经幢是大理国的议事布燮（其职官相当于宰相）袁豆光为颂扬鄯阐侯高明生的功德而建造的。袁豆光在文中表明自己曾出使过宋朝，表示愿效法大宋天子和效忠大理国主。其文反映了大理国政权与宋王朝的亲密关系，也反映了大理国的朝政情况。

经幢上的佛像、佛经和经幢形制，反映了云南与印度以及内地文化交流的密切关系。古幢雕刻精美，线条鲜明细腻，形象生动，被专家学者称为“滇中艺术极品”。经幢由于其独特神秘的造型和所刻神像的威严，使其在昆明民间传说中成为观音镇水的法宝。相传昆明地方古时为海子，有九条龙在此兴风作浪，稍不如意即发大水将城淹没，人民痛苦不堪。观音慈悲，将九龙收服压经幢之下，并嘱邑人不可挪动经幢，否则将再度引发滔天大水。传说反映了大理国时期鄯阐城临近滇池，地多湿卑，因此洪涝不止的状况。1982年国务院公布大理国经幢为全国重点文物保护单位。

2. 素兴建设　水城花都

1041年大理国圣德皇帝段素贞在当了13年皇帝后，因沉迷于佛学而自愿出家为僧，其孙段素兴继位，改元圣明，为大理国第十任皇帝。段素兴天性浪漫，从小喜欢园艺和冶游，段素兴长期住在鄯阐城，他的东都行宫里花团锦簇，有着大量从西京羊苴咩城搬运来的各种名贵茶花。这位继位时年仅17岁的少年皇帝被后世说成是因荒淫无道而遭废黜，但他对鄯阐城的建设却有过突出的贡献。段素兴在东都时借高氏在西山的别苑为行宫，他不满意于高氏别苑的格局，督工扩建为避暑行宫取名华亭。华亭风光秀丽，既可登高远眺，俯瞰滇池，又可依山而行，领山岚之秀。行宫隐匿在山林之间，却层楼叠阁，雕梁画栋，极为奢华。昆明西的安宁温泉，南诏时已成为王公贵族的专享之处，段素兴也常到此游玩，并建浴馆于碧玉泉之侧，常携美人共游。段素兴还通晓音律，会作曲，会填词，他广泛收集各种音律之书，组织庞大的乐队演出自己的作品，并曾为当时的著名词人杨文孝的《锦江春》谱曲。

在坐镇东都的4年里，段素兴对鄯阐城进行了较大规模的改造，为将东都建得和洛阳一样繁华，他亲自参与城市的规划，绘制了依当时城市的山水格局而谋的城市园林规划图。利用东都依山傍水，河湖纵横的地势，以依地而筑，依河而修的理念，结合城乡的河道治理，防洪抗旱，便利航运的要求，疏通了入滇河道，开凿了城内的两条运河，即后来的金汁河、银汁河。清代《滇云历年传》记载："圆通寺天王殿有段氏政德年碑云，政德在素兴之后，则其所营宫室，当在城外东北隅也。春登今东门外里名，金汁河所经，则春登堤金汁河也。云津河，即盘龙江，则云津堤，乃盘龙江堤也。此二堤捍御、蓄泄、灌溉，滋益大，有殊功。"黄花入堤，如金汁然，故称为金汁河。白花入河，如银汁然，故呼银汁河。此二堤捍御蓄泄，浇灌益大有殊功。段素兴开凿的这两条河一直是昆明城市重要的水利设施，至今仍在发挥作用，是中国古代南方城市的水利典范。

当时的东都有盘龙江在城内绕行，雨季时常暴涨成灾，金汁河与银汁河连通了盘龙江河道，使盘龙江的弯道部分被两河裁直，因弯道而被滞缓的河水可以水畅其流，有效缓解了洪涝灾害，便利了城市水路交通。段素兴还在金汁河两岸种24种四季黄花，修筑东西花堤，“宛如玉带河镶嵌，月夜色银光剔透珠”，段素兴即赐名银棱堤，在河上修建云津桥。因此，盘龙江曾被称为蒙城银棱河，即银汁河；而金汁河又被曾称为绕道金棱河。此后，段素兴又将城内盘龙江水系的各条溪流相互贯通连接，并命家家户户都要种山茶、素馨花，形成了小桥流水、花团锦簇的水城花都。段素兴特别喜爱种在盘龙江堤上的白花，他在鄯阐城赏景游乐时，常命陪侍的美人，把白花插饰在发髻上，后人因此把这种白花叫“素兴花”，后来又演变成“素馨花”。

段素兴的园林城市建设并不止于景观式的摆设，他在东门外修筑堤坝，引滇池水以灌溉农地。修通驿道运河，实施了比西京的苍山高河水利灌溉系统更为浩大的鄯阐水利工程，以十万民工，用两年时间建立起当时大理国内最大的农田灌溉网络，使鄯阐府的粮食产量一跃而超过洱海地区。

在段素兴的规划下，鄯阐城在南诏东都的基础上有了较大的扩张，五华山、圆通山均已划在城内，城市向南向东扩张，太和街、拓东路，东寺街等已经形成。城市的商业贸易十分发达，在城中的象眼街，来自印度、蒲甘、安南、真腊、波斯等南亚、东南亚、中亚的商团带来了大量的域外特色商品，驮运货物的大象、骆驼、马匹络绎不绝地在这里卸货、落脚。围绕商团和象群、马队、驼队的旅社、饭店、搬运、仓储和饲料加工、驮具、挽具、兽医等商贸服务业十分发达，形成了一个辐射东南亚南亚和中国内地的国际商贸中心。鄯阐城毁于70多年后的战乱，1111年爨氏三十七部起兵，攻打高氏镇守的鄯阐城，段素兴建成的花园城市被夷为平地，成为废城。

宋宝禧元年（元宪宗三年，1253）秋，蒙古忽必烈率领十万大军，以大元帅兀良合台总督军事，往攻大理。12月，大理城破，大理王段兴智逃到鄯阐，加强防卫力量，继续抵抗。同时积极联络滇东三十七部救援拓东城。鄯阐城之战是元军入滇以来最大的一次战役。起初，兀良合台挑选骁勇士兵强攻，不能下；继用大炮猛轰北门，又用火攻，仍无进展。兀良合台大震鼓钲，反复不止，如是七日，城还是不克。鄯阐城如此难攻，一方面是因其三面临水，一面靠山；另一方面亦可想见城垣建筑之坚固。直到 1254 年，鄯阐城才被攻破，大理政权灭亡。

三、省 城

元破大理　设省定会

南宋开禧二年（1206），北方成吉思汗统一了蒙古草原的各部落，随即向蒙古草原以外的其他地区开展征服活动。在先后征服了北方西夏国和金国以后，又向南宋发起了进攻，受到南宋军民的激烈抵抗。蒙古贵族们选择了先征服西南地区，然后南北夹击南宋的迂回战略。南宋宝祐元年（1253）忽必烈率领大将兀良合台、汉人谋士姚枢，自六盘山区起兵10万南下，9月集结于甘肃南部的临洮，经川西北的松潘，过大渡河，行军2000多里，到川滇交界的金沙江畔，乘革囊及筏以渡金沙江，进入丽江东部，得丽江木氏配合，在金沙江畔打败大理国宰相高泰祥驻防金沙江的部队。蒙古军长驱直下，同年底抵达大理城下，三路大军从点苍山向下冲击。国王段兴智及高泰祥半夜弃城逃走，大理城遂被攻下。段兴智逃至鄯阐（今昆明），而高泰祥在途中被俘，解回大理后被杀。

1254年春，忽必烈返回蒙古，留大将兀良合台统治大理地区，并率部进攻鄯阐。段兴智在鄯阐城坚持战斗。最后，蒙古兵采取轮番攻打，忽攻忽止，以疲劳和扰乱守城者注意力的战术，半夜时分，趁敌疲惫攻入城内。鄯阐城破，段兴智在逃亡中被俘，后被蒙哥所释，并封为“摩珂罗嵯”（梵语，大王之意），在蒙古军队的支持下，暂时继续统治大理。1260年，段兴智去北京，途中病故。蒙古大汗仍以段兴智之弟段实为总管，守大理。然而，大理国实际上已灭亡，蒙古统治了云南。

（一）赛翁治滇　疏浚安邦

蒙古灭大理国后，兀良合台奏请“以云南平，请依汉故事，以西南夷为郡县”，宪宗准其奏并加封他为大元帅，还镇大理。这之后有昔撒昔、也先、宝合丁、阿鲁忒儿来任都元帅，统治云南。兀良合台把原大理国的统治区域划为19个万户府，鄯阐府被改为鄯阐万户府，成为19个万户府之一。分别设置万户、千户、百户，任命大理的旧贵族充任万户长、千户长和百户长，帮助蒙古贵族统治各部。

鄯阐万户包括，昆明二千户、黎凄（富民）千户、太池千户等。在鄯阐城被蒙古军攻破的当年，即1254年，蒙古统治者就已设置“昆明千户所”（昆明二千户）。这是首次将“昆明”作为滇池地区的地名，并一直沿用至今。万户府、千户府、百户府是军政合一的组织，战时作战，平时屯养，统治权掌握在元军和投降后的大理国段氏及各族酋领手中。由于蒙元统治者在平定云南后继续以这种强制管理的军事组织体制对云南各族人民进行统治，横征暴敛、残酷压榨，激起了30万各族人民的起义反抗。忽必烈接位后，为稳定云南局势，封第五个儿子忽哥赤为云南王，俗称梁王。

忽哥赤为云南王后，大力加强自己的权力，然而却与地方行政和军事机构发生了尖锐的矛盾，他在位四年，即被对手合谋设宴用毒酒杀害。

云南发生政治危机，忽必烈又委任宗王脱忽鲁为云南王。但王室与地方军政机构间的矛盾并未解决，危机仍潜伏着。为了解决云南种种尖锐激烈的矛盾，忽必烈经过深思熟虑，精心选择，决定派赛典赤·赡思丁到云南主持政务。离京前，忽必烈召见赛典赤·赡思丁说："云南朕尝亲临，比因委任失宜，使远人不安。欲选谨厚者抚治之，无如卿者。"即拜赛典赤·赡思丁为平章政事行云南中书省。此时赛典赤已经63岁了。

赛典赤·赡思丁（1211—1279），一名乌马儿，回族人，今中亚乌孜别克的别庵伯尔部落首领之后。成吉思汗西征时，11岁的赛典赤·赡思丁作为部落首领率部迎降，使全族免遭蒙古军队屠戮，遂充宿卫，后任元中书平章政事，陕西、四川行省平章政事。尽职燕京，对元朝开国做出过重要贡献。赛典赤以"谨厚"著称，多行"惠政"，在云南矛盾重重，危机四伏之际，受命治理云南。

赛典赤来云南之前，先派长子到云南进行一番调查，与梁王脱忽鲁联系疏通，然后才到云南赴任。赛典赤到云南后，对梁王脱忽鲁以诚相待，委任他的两名亲信为地方行政长官，消除了梁王恐其失去总揽全省大权的疑忌，为顺利推行行政改革打下基础。

至元十一年（1274），赛典赤来到云南，在调查研究基础上，着手考虑行政区划的建制，使其与内地行政区划的建制接轨。至元十三年（1276），赛典赤在云南大力推行郡县制，改万户、千户、百户为路、府、州、县，由总管、知府、知州、知县等行政长官执政，层层节制，把被蒙元权贵分散把持的权力集中于行省，一切政务统归行省执掌，改变以行政管理军事的弊端，正式建立了云南行中书省，并把行政中心由大理迁到了昆明，摆脱了大理根深蒂固的地方氏族势力对行政权力的渗透及牵绊。至此，“云南”正式成为中央政府隶属的省一级行政区划的名称（称为“云南省”或“云南行省”），“昆明”成为云南省的首府，名副其实地成为云南政治、经济与文化的省会中心城市。

赛典赤改昆明二千户为昆明县，改鄯阐万户为中庆路。中庆路设三县四州。三县为昆明、富民、宜良，四州为嵩明、晋宁、昆阳、安宁。中庆路设治于昆明，于是昆明又被称为“中庆”城（还称为押赤、鸭池）。

云南自1276年正式成为行省，昆明正式成为云南省城、首府，至今已有700多年，这在云南和昆明历史上都是一件重大事件。而赛典赤则成为云南历史上的第一位“省长”（云南行中书省平章政事）。昆明成为云南政治、经济与文化中心以后，城市较之拓东、鄯阐时期又有了新的发展。元代中庆（昆明）城的范围已可考，大致是：北边比鄯阐城向外拓展了约一里，而达到五华山、祖遍山一带；西面和南面，因滇池水位下降，城垣不再紧靠湖岸，而以今之玉带河（东起双龙桥，西至鸡鸣桥以北，与翠湖南流之水相连）作护城河；东则退至盘龙江之西约100步，大致相当于现在的护国路。但原盘龙江与金汁河之间和土桥附近的街市，仍然是这座“大城”的东关和南关，并不是郊外。

元朝是蒙古人建立的幅员广大的帝国，但蒙古人口少而占领的地方大，不得不在所占领的地方任用当地人士来参与地方治理与管制，这就是后来有元一代实行的土司土官制度。云南行省建立的同时，赛典赤就从云南民族众多，蒙古人、色目人占绝对少数的实际出发，注意委任各地部族酋首当路、府、州、县的世袭长官，将汉唐以来的比较松散的羁縻州制度与郡县制相结合，创建了由中央政府对地方部族酋首给予任命和管理的土司制。行省以下各府除根据需要任免调遣“流官”外，在一些部族势力强大的地方设宣慰使、宣抚使、安抚使土司，延请各部族酋首担任土司，允许世袭并在其交纳贡赋和服调徭役后给予一定程度地方自治。这一制度创新，使各部族地方与省级行政中枢的关系收紧了，强化了中央王朝对地方的约束和控制，有利于边疆的治理。原大理国的段氏，就担任了洱海地区总管的要职。

云南行省的建立结束了南诏、大理480多年来与中央王朝分离分治的局面，把云南全境置于中央政权的直接控制之下。这是实现地方安定、国家统一的重大措施，也为昆明作为全省的行政、经济、文化与教育中心创造了先决条件。

（二）兴修水利　滇池为先

赛典赤在任云南平章政事的6年间，为云南人民做了不少好事，如兴修水利，推行屯田，奖励农耕，发展生产，减轻了群众的负担，增加了财政收入，发展了地方经济，促进了社会生产力的发展。

疏浚河道，治理滇池是赛典赤一个突出的功

绩。滇池是“高原明珠”，云贵高原的淡水湖泊，属长江流域的金沙江段，位于普渡河的上游，在昆明主城的东南面，又叫昆明湖，古称滇南泽。滇池的变化，与昆明城市及政治、经济、文化的发展变化有着密切的关系。从滇池形成到现在约有 340 万年的历史，由于人为和自然的原因，水位下降，湖水由深变浅，水面由大变小。据测算，唐宋时期，水面有 510 平方公里，元朝时水面降到 410 平方公里，明朝时 350 平方公里，清朝时 320 平方公里，而今天只有 300 平方公里。滇池库容，唐宋时为 18.5 亿立方米，到清代为 16 亿立方米，今天约为 15.3 亿立方米。赛典赤到云南时，昆明郊区的田地主要依靠滇池灌溉。但这时，滇池一方面湖面缩小，水位下降、灌溉能力下降；另一方面又因河道淤积，雨季一到就常常泛滥成灾。赛典赤通过实地考察发现，这主要是昆明东北面以盘龙江为首的流入水系及西南唯一的出水口——海口与螳螂川河道——自然淤塞，江水上涨及滇池水位升高造成的。要治理水患，当务之急是拓宽海口，疏通螳螂川河道，以泄滇池之水，使出入水量保持相对平衡，水位相对稳定，才能达到根治水患的目的。

在弄清了水患原因和制订了治理方案以后，赛典赤选派熟悉水利的巡行劝农使张立道，与赛典赤的第三个儿子忽辛一起，组织人民疏浚流入滇池的盘龙江、金汁河、银汁河、海源河、宝象河、马料河等六条河道，建造坝闸、涵洞，以利灌溉。在盘龙江上游建筑谷昌坝水库（今松华坝水库原址），拦洪蓄水；把盘龙江水分流入金汁河，既减轻了洪水对沿岸农田和中庆城的威胁，也扩大了灌溉面积。接着，又指挥民工，挖开滇池出海口至石龙坝、安宁一段河道中的鸡心、螺壳、牛舌等险滩，使滇池泄洪通道畅流无阻。此外，还在海口筑闸以控制滇池水位，减少夏秋洪水泛滥。此后赛典赤有计划地开闸放水，降低了滇池水位，获得良田 10 多万亩。

以上六河及螳螂川、海口的治理，前后共 3 年，到至元十五年（1278）始告结束。从此，昆明城郊西北至东北、东南及海口一带，形成了云南历史上规模最大、最完整、最科学，至今仍在发挥作用的水利系统工程。

赛典赤、张立道等对滇池的治理，推动了农

业的发展，保护了中庆城，也为昆明城随后的发展创造了重要条件。因此，云南人常把赛典赤对滇池的治理与李冰父子的四川都江堰水利工程相提并论，称他为后世治理滇池之师。而赛典赤所建的谷昌坝，也一直是昆明城乡供水的主要水源，被称为“昆明人头上的一碗水”。

（三）建设经济　以儒兴学

赛典赤重视发展云南的经济。聚集人口是经济发展的重要前提，为此，在治理滇池的同时，他又积极清理户口，设立屯田区多处，垦田20万亩，并引进了内地的稻、桑、麻等优良品种及先进技术，促进农业生产的发展，改善人们吃、穿、用等生活条件。

农业生产的发展，农产品有了富裕，交换就有了基础。云南境内有不少以十二生肖动物命名的赶集街名，就是从元代开始的。定时定点的集市交易有效促进了商业的兴旺，也促进了交易形式的发展。元代以前南诏、大理境内的商品交换主要还是以物易物，货币还不普及。赛典赤是中亚丝绸之路上的行商部落的首领，自然知道货币在商业流通中的作用，所以元代开始云南城乡大力推行钞、币，特别是金属货币。南中相沿已久的贝币（以海贝作货币），逐渐势弱。赛典赤治下，对工商业采取了薄税政策，鼓励民间开矿，使金、银、铁、铜等采矿业和手工业都获得了发展。这从一个侧面反映了商业贸易活跃的状况。

赛典赤还重视修路置驿，畅通商旅。赛典赤命其部将爱鲁在滇东北用兵和守卫之际，分兵修复乌蒙古商道。这是一条从石门关（今豆沙关）东北过四川筠连、高县达宜宾的陆路通道，另有从屏山至宜宾的水路通道。爱鲁在这一带沿途设置了陆站和水站。从此，相当一段时间内，由中庆路可顺畅抵达叙州（宜宾），再由水路（长江）顺流而下抵达长江中下游的发达地区。

滇西北一线，也因蒙古军队 1253 年南下经丽江入大理而开通，后来元代在沿途置驿站，以后又不断地修治和维护，成为该地区的一条重要商道。

滇西一线，古已有道，南诏、大理时期已有修治和经营。因元代曾一度缅甸纳入自己的版图，设立了缅中行省，嗣后又长期将缅甸作为藩属，为了向缅地输送人员物资，元代对这条通道又继续加以维护。这些通道的开通和修建，形成了以昆明为中心，联结内地、辐射域外的交通纽带。

赛典赤高度重视文化教育事业的发展，他认为云南地远蛮荒，部族众多，不施以教化就很难实现有效有序的治理。在发展经济的同时，赛典赤在云南大力兴办儒学。他和劝农使张立道拿出自己的薪俸和积蓄筹建文庙，至元十一年（1274）就在中庆府建立了云南第一座孔庙。这座孔庙建于昆明城中偏北（今之五华山）。后经过迁建、重修，至今犹存（即今昆明城内之文庙）。昆明文庙设庙学，每期招收约150名学生。由于赛典赤开创的影响，在元代的云南，先后在大理、临安（今建水）、安宁、嵩明、邓川、永昌（今保山）、丽江、鹤庆等地建立了孔庙。元代还设置了教育行政机构，创办明伦堂，购置经史书籍划给学田，使孔庙与学校教育经费有了固定的来源。不久，就培养出了一批本地知名的知识分子，如在庙学里学习的昆明人王楫、李敬仁、李郁、段天祥、李天佑等5人在全国会试中金榜题名，中了进士，成为州、府直至省一级的“儒臣”，使云南“文化侔于中州”。

在赛典赤治滇时期，内地的汉传大乘佛教传入昆明，出了一位深通内地佛学经典的雄辩法师。第一部云南地方志书《云南志略》，第一所“惠民药局”，第一个气象台（测景所），以及御书阁（图书馆）等也在这一时期出现。元代云南的领导者还很重视医学、阴阳学（属天文术数知识）的普及，把它们的地位与儒学并列。

此外，赛典赤在民生方面，取轻徭薄税，与民休息的政策；还在城中设立“养院”“养济院”和“义廪”（即义仓），帮助困难民众分忧解难。

赛典赤是元代卓越的政治家，他治滇 6 年，对促进云南经济发展，安定人民生活，团结边疆民族，巩固西南疆土做了杰出贡献，也为昆明城的建设和繁荣做出重要贡献，得到民众的爱戴。1279 年，赛典赤死于任上，出殡时三万多民众相送，“百姓巷哭”。他逝世后，被元世祖追谥为“咸阳王”，葬于昆明五里多，其墓至今尚存。

五里多，旧名“兀尔朵”，是蒙古语“帐殿”的意思。元时坐镇云南的梁王，曾在这里设过帐殿作为离宫别墅，在修建赛典赤墓时，亦曾在此张幕设祭，因此俗称兀尔朵，后谐音为五里多。

每逢伊斯兰盛大节日，当地回族老人纷纷前往敬拜凭吊。昆明人民还曾建过咸阳王庙、报功祠和忠爱坊，来纪念这位历史名人。1983 年，云南省人民政府将五里多赛典赤墓列为省级重点文物保护单位。

五里多赛典赤墓，过去有人认为系赛典赤的衣冠冢，而真墓则在昆明松花坝水库的马家庵。近人研究认为，五里多墓应即赛典赤之真墓。该墓体呈长方形，石砌，冢体高 2.7 米，长 2.3 米，宽 1.3 米，顶为青石雕刻的石瓦，正面刻汉文“元咸阳王赡思丁墓”，背为蒙文碑记，左右侧为《元史·赡思丁传》及袁嘉谷撰书《重修咸阳王陵记》。

（四）马可行游　壮丽大城

元帝国横跨欧亚大陆，全面打通了东西方的陆地联结，使西方人有可能来到万里之外的中国游历。1275 年，意大利著名旅行家马可·波罗（1254—1324），来到中国。他曾到过今天的新疆、甘肃、内蒙古、山西、陕西、四川、云南、江苏、山东、浙江、福建及北京等地，回到意大利后写下了《马可·波罗行记》一书，记下了自己游历的经过。马可·波罗于 1284 年由大都来到昆明，看到了当时鸭赤城（中庆城，即今昆明城）的情况，大为感慨，称鸭赤城为“壮丽的大城”。

马可·波罗在他的《行记》中写道：“渡过上述的一河后，来到堪拉察省（即云南省），其面积甚大，故分成七个府（政府）。省区位于西方，居民为偶像崇拜者，隶大汗（指元世祖忽必烈）版图，大汗封自己的儿子辰铁木在此为王，……沿河向西行五日，所经过之处充满了居民，并有许多城堡。居民以肉类和果实维持生活。他们自有一种特殊的语言，而且难于学习。最良的马匹繁殖于此。”

“至第五日晚上，达到省会，名雅歧（即鸭赤），系一壮丽的大城。城中有商人和工匠，为杂居之地，有偶像崇拜者，聂斯托利派基督教徒，萨拉森人或回教徒；但偶像崇拜者的人数最多。本地米麦的生产甚丰，然人民认小麦制的面包为不卫生，故不用面包而吃米食，并用其他谷类加入香料，制成酒，清淳可口。至于货币是以海中所取的白贝壳充用，兼可作为头饰。80 个贝壳等于一个银萨吉价值，或两个威尼斯的格洛特，8 个完善的银萨吉等于一个纯金的萨吉。这里有许多盐井（指安宁的盐井），居民所用的盐取给于此，盐税为皇帝的大宗收入。”

“此处有一湖（指滇池），周围近一百里，出产各种鱼类；有些鱼的体积甚大。”

“人民生吃禽鸟、绵羊、黄牛和水牛的肉，习以为常，不过是用下列方法保藏的：他们将肉切成小块，浸在盐水中，再加几种香料，这是上等阶级制的；至于较贫苦的人则将肉切细后，仅浸在大蒜汁中，于是取而食之，好像烹调的一样。”

这是赛典赤死后 12 年，马可·波罗到云南看到的情况。这时的鸭赤城，已有相当的规模，除城区面积较前扩大外，城内有两桥（大德桥和至正桥，大德桥又称云津桥，即今之德胜桥）、一塔（白塔，即元代之万庆寺塔），城西、南两面有护城河（玉带河），城内有九龙池（又称菜海子，即今翠湖），北城墙外有悯忠寺和圆通寺。悯忠寺，一名五华寺，在五华山之右侧，建于元代至正年间（1341—1368），已毁。今云南省人民政府内之大礼堂（大会议室），即悯忠寺正殿遗址所在地。圆通寺在圆通山麓，据传南诏凤伽异开发拓东城时，在此建“补陀罗”（即普陀）寺，宋宝祐三年（1255）毁于兵燹。元大德五年（1301），重新建设，扩大了规模。虽然后来又毁，再重建。元代的“圆通寺”为后来的重建打下了基础。

马可·波罗见到“壮丽大城”时，城内官府建筑有行中书省衙门、肃政廉访司、梁王府（又称梁王宫，即今之长春观）；寺庙有文庙（府学）、文昌祠、大灵庙、大德寺、大胜寺、清真寺（两座）、奇灵寺、万寿寺、地藏寺、五华寺、安国寺等建筑群；此外尚有利城坊、止善坊等。

中庆城的中心地带是行中书省衙门和作为市中心的马市口，即从今人民东路与正义路交叉口向南至金碧路一带。马市口是马匹、马具交易的地方，元代官员多为蒙古人和色目人，这些官员都是马背民族出身，加上滇马的优良品质名闻天下，自古就是云南与内地互市的主要商品，因此马市十分的热闹，不仅周边地区的马贩会来，内地贩马和做茶马交易的商人也会聚于此。马市口周围有众多的客栈和马店、饭馆、铁匠铺。蒙古人喜吃牛羊肉，而色目人只吃牛羊肉，所以马市口附近的羊市口也很兴盛。彼时梁王府延用大理段氏的王府设在五华山上，行中书省的衙署则设在今胜利堂位置上，标志着省政新猷。而城市中轴线上则有“工商甚众”的三市街“当闾阁之冲”。元代中庆路儒学提举孙大亨曾赞曰：“中庆，古鄯阐也。山川明秀，民物阜昌。冬不祁寒，夏不剧暑。奇花异卉，四序不歇。风景熙熙，实坤维（坤维在汉语里指西南）之胜区也。”

城市内的交通要道则是从三市街东经白塔塔洞，东出金马关的通京大道。

元代昆明的一个重要特点是多民族聚居和宗教信仰的自由。马可·波罗所说的“偶像崇拜者”，主要是指佛教徒，也包括道教徒。信仰伊斯兰教的回族，多是随蒙古军和赛典赤而来的色目人。而基督教徒则是赛典赤带来的也里可温、马薛里吉思的教徒。他们和睦相处，是非常难得的，促进了城市的发展和繁荣。

1334 年前后，曾任云南诸路儒学提举、地方宣慰司副使的元代著名文人王升写作《滇池赋》，反映了中庆城的繁华景象。他写道“登太华之层峰”，就可以“指八景之陈踪”：

碧鸡峭拔而岌业，金马逶迤而玲珑。

玉案峨峨而耸翠，商山隐隐而攒穹。

五华钟造化之秀，三市当闾阎之冲。

双塔挺擎天之势，一桥横贯日之虹。

这里说的八景是碧鸡山、金马山、玉案山、商山、五华山、三市街、双塔（东寺塔和西寺塔）、大德桥（德胜桥）。王升写完八景之后，又写道：

千艘蚁聚于云津，万舶蜂屯于城垠。

后人将“云津聚艘”“城垠屯船”，于是凑成元代昆明十景。

（五）梁王猜忌 段功殒命

元在滇设行省后，地方的行政事务、军务都由行政长官——行中书省平章政事来执行，但蒙古皇帝的胞弟却以梁王身份坐镇云南。云南本是众多民族族群分居、分治的地方，各民族、部族都有传统的地域利益和政治势力，有自己的武装力量和文化软实力，相互间语言都互不相通，割地自雄。治滇的基本原则就是在平衡好各方利益的基础上再谋发展。梁王虽位尊权重，无奈可利用的人脉资源却不多，于是利用地方势力为自己保驾护航，谋取各种利益就是在云南为王之要。这一点，在蒙古宪宗蒙哥和忽必烈的心里是十分明确的。在抓获大理国主段兴智后，蒙哥不但没有杀他，反而先是赐他金符，后又封其为摩诃罗嵯（梵语：大王），命悉主诸蛮、僰、爨等部，以信苴福（段兴智之子段福）领其军（由爨、僰人组成的军队）。段兴智死后又命段福继之。实际上元代时期的云南基本维持了梁王踞中庆府，而段氏踞洱海的东西分治的格局，这种王与臣的分治分权体制一直维系至元末。

元朝末年，以农民为主体的红巾军掀起了反元斗争的高潮，云南各地纷纷响应。至正二十四年（1364），红巾军明玉珍部自四川叙州（今宜宾）、建昌（今西昌）入云南，得到云南各地起义军的呼应，很快攻下中庆路，梁王帖木儿和云南行省的高官们向威楚路（今楚雄）逃遁。在梁王的统治摇摇欲坠之际，其平时联络的大理总管段功毅然出来率大理地方武装向红巾军反扑，红巾军不敌，死伤甚众，遂退往四川。段功在镇压红巾军及云南省内各族起义中为梁王立下了汗马功劳。

梁王返回中庆城后，为拉拢段功，向元顺帝奏准段功为云南行省平章政事，并把自己的女儿阿盖嫁给段功，企图通过这种政治的联姻，来调和在云南的蒙古贵族与大理上层的矛盾，稳定元朝在云南的统治。但是，梁王为了自己独占云南的利益，又担心段功势力过大会夺取他的权力，便寻找机会杀害段功。

此时段功却住在中庆城梁王府内，夜夜笙歌，不想回大理了。段功在大理的嫡妻高氏预感到自己丈夫处境危险，在大理作词寄段功，劝他尽快西返。词云：“风卷残云，九霄冉冉逐。龙池无偶，水云一片绿。寂寞依屏帏，春雨纷纷促。蜀锦半床闲，鸳鸯独自宿。珊瑚枕冷，泪滴针穿目！好难禁，将军一去无度！身与影立，影与身独。盼将军，只恐乐极生悲冤鬼哭！”段功读后，颇有感悟，便启程回大理。一年以后，段功思念阿盖公主，情不自禁，又回到中庆梁王府。

梁王对段功返回中庆生疑，认为段功“大有吞金马咽碧鸡之心”，将孔雀胆密授阿盖公主，命其毒死她的丈夫段功，说“亲莫若父母，宝莫若社稷”。阿盖不从，密将父亲给的孔雀胆给段功看了，要段功警惕，并表示如有意外，“愿与阿叔西归”。但段功说“我有功于你家，我的脚趾受伤，你父亲还为我包伤，何出此言？”阿盖“三谏，终不听”，段功始终不信。第二年七月中元节，梁王假意请段功到东寺讲经，派人预伏于通济桥下，段功路过时伏兵突起，段功马惊乱跑，梁王命番将拿下段功，当即一刀砍死。

阿盖获知段功被害，便写下一首蒙汉语相间的挽诗，绝食而死。诗云：“吾家住在雁门深，一片闲云到滇海。心悬明月照青天，青天不语今三载。黄嵩历乱苍山秋，误我一生踏里彩（里彩：锦被），吐噜吐噜段阿叔（吐噜：可惜），施宗施秀同叔歹。云片波粼不见人，押不芦花（起死灵草）颜色改。肉屏（骆驼）独坐细思量，西山铁立（松林）风潇洒！”昆明士人感佩阿盖之义，为其建了一座祠，叫作“阿姑祠”，并在星回节（火把节）时祭祀她。段功死后，大理与梁王的关系彻底破裂。当红巾军二次反攻和朱元璋大军长驱直入云南时，梁王再求救于段功之子段宝，段宝坚决拒绝，并归顺了明朝。梁王陷于孤立，不久明军攻下昆明城，梁王一家跳滇池自杀。

孔雀胆是真实的历史事件，反映了元末梁王与云南本土豪强复杂的政治关系，也反映了当时民族融合的情况。段功的两位妻子留下的一词一诗分别出于云南本地民族和蒙古贵族妇女之手，感情真挚，倾诉情深，皆富有各自的民族特色，反映了当时蒙元贵族和云南本地民族上层妇女的文学水平及其受汉文化影响的不同程度。同时，这一词一诗，在某种程度上也说明了此时的大理、中庆地区统治阶层贵族妇女受教育的机会和较高文化素质，也反映了大理、中庆城文化发展的一个侧面。抗战时期，郭沫若据历史资料写成剧本《孔雀胆》，喻诫蒋介石政府在国共合作中不要对共产党抱戒心和猜忌心。

四、王城

洪武兴兵 明建砖城

洪武元年（元至正二十八年，1368），明王朝建立，云南仍处于元朝梁王巴匝剌瓦尔密的控制之下。大理段氏、麓川（今德宏州南部）思氏以及乌撒（今威宁）、乌蒙（今昭通）、东川、芒部（今镇雄）等地区的土司和部族首领，各保境土，据地自雄。由于明王朝忙于稳定建国初期的政治局面，一时未对云南采取军事行动，也希望能和平解决云南问题，朱元璋先后五次派明使来昆明劝降，但梁王巴匝剌瓦尔密拒绝投降，并将王祎、吴云（后世所称“二忠”）两位特使杀害。

洪武十四年（1381），明朝政权基本巩固后，朱元璋亲自部署，以颍川侯傅友德为征南将军，永昌侯蓝玉为左副将军，西平侯沐英为右副将军，调集30万大军讨伐云南，分兵两路，一路自永宁（今四川叙永）向乌撒（今贵州威宁）；主力部队自辰（今湖南沅陵）、沅（今湖南芷江）而入，至普定（今贵州安顺），然后进兵云南咽喉要地曲靖。

在曲靖北郊白石江，明军打垮了元云南行省丞相达里麻统率的10万蒙古军，活捉达里麻。次年初，蓝玉、沐英率军进兵昆明。此时梁王向大理总管段宝求援被拒，自知困守孤城无人救援，如守城则城破时满城百姓皆面临被屠的灾难，无望的梁王带全家100余口逃往晋宁后投湖自杀。明军又分路指向滇南临安（今建水）、滇西威楚（今楚雄）、保山、腾越（今腾冲）等地，节节胜利。消灭了梁王的势力以后，朱元璋封沐英为镇国公，命其留守云南，镇国公又称“镇守国公”或“黔国公”。

明军入城后，为清剿梁王的残元势力，将蒙古和色目贵族以及一些协助过梁王抗击明军的本土部族首领全部拘押并递解至京城为奴。梁王绝命前之所以逃往晋宁，是因为晋宁是元朝贵族聚居的地方，晋宁附近的昆阳即住着故咸阳王赛典赤的后裔，此时当家的是赛典赤的五世孙马哈只兄弟，而马家的孙子马和此时刚11岁，与赛典赤率部族投附成吉思汗时相当。马家兄弟当时大概是见到了梁王，也商议了对策，最后没什么办法也只好陪梁王跳了滇池。11岁的马和与其他元朝贵族的后裔一起被没为奴后押往南京，并被阉为太监赏赐给了燕王朱棣。此后马和以机智勇敢和勤谨逐步赢得燕王的赏识。在燕王夺取皇位的战争中马和立下战功，朱棣夺位成功后论功行赏，亲自手书“郑”字赐姓马和，从此马和改名为郑和，在此后郑和作为皇帝的亲信又被封为都太监，并亲率水师七下西洋，开创了世界航海史的伟大篇章。在七下西洋期间，郑和曾请旨回乡祭祖，在其亲授的碑文中只提到父亲死于洪武十五年（1382），即梁王投湖那年，隐去了因何而死的历史故事。

明代统一全国以后，在全国范围内设立13个布政使司以掌政务，并设置相应的都指挥使司以掌管军事，提刑按察使司以管理刑律。于是，明初云南行政和全国各地一样，在省会昆明设立了三司。三司执掌不同，地位相当而不相隶属，三司之上虽有“镇守国公”，但派遣三司大员时，并不经过国公，只是打个招呼而已，所以明代的“国公”不能和元代的“梁王”土皇帝相比。一省大事由三司会办处理。明朝中央都察院派出都御史、副都御史、佥都御史至各省巡抚，地位在三司之上。巡抚期间，有权处理一省之事件。后来，巡抚成为常设。再往后，又设总督。巡抚、总督权位虽高，但由于兵权、财政权、行政权、用人权都集中于中央，权力仍然有限。省以下，仍承元制，设府、州、县各级行政机关。

洪武十五年（1382），明王朝改中庆路为云南府，领四州九县，府治就在昆明，同时设昆明县。

这样，昆明就成为省、府、县三级衙门所在地，衙门林立，人口增加，迅速发展为全国的中等城市。

据文献记载，昆明县所附城郭，编为26个里。其时以100户为一里，里分10甲，每甲10户。这样估计，编户达2860户，以每户平均5人计，则城郭人口达14300多人。

（一）风水规划　湛海谋篇

明初，沐英留镇云南，但云南此时不仅人口稀少，汉夷杂半，而且少数民族部族众多，很多民族部族首领对明王朝叛服不定，而且由于云南山区多，山大林密道路不便，明军追剿十分困难，常常是大军一到反叛者就遁入山林，大军一走马上复出，截杀尾追，如风吹草伏，袭扰得社会不能安宁。为实现长治久安，守土固边，沐英在朱元璋的支持下从江南多地征调汉人移民入滇屯田。移民最初以军屯为主，随沐入滇的30万大军约23万被分别安置到各府县城等重点地区、军事要塞、重要关卡等。为真正实现移得进、进得固，在军屯提供了安全保障后就开始推进民屯，以南京为中转将江南富户、谪官、流民、降兵等连同家属一起授予军器、农具押往云南驻屯。这种移民一直持继到明末，据估计有明一代近300年间，内地人口迁入云南的总数不下300万人。随着外地人口大量迁入云南，昆明人口结构迅速由“夷汉杂半”变为以汉为主。昆明及其近郊的人口从明初的5万增加到明末的10万人左右。随着外来人口的增加，中原地区先进的生产方式也带了进来，促进了工农业和商业的发展，也促进了城镇化的进程。为了适应人口的增长，城市的建设也提上了日程。

明代从朱元璋起就不断地发起大规模的移民，有学者统计有明一代270多年内，全国范围内总移民数达3000万，云南约占10%。云南的移民中很多来自江南各地，故很多云南人的族谱家谱和口述家史都有祖籍应天府，而且大多有祖居南京柳树湾高石坎之说。今南京并无柳树湾也无高石坎之地名，南京方志也无此地名的记载。但据学者考证，明代南京确有类似为集中移民的营地，在那里，从各地征发来的民屯户汇聚在一起接受移民前的培训，领受配发的农具、工具、粮食、布匹等，然后由此整队出发奔赴云南。这个地方就是众人共同记忆中的柳树湾高石坎。

昆明古代城市，虽然建立较早，但直到元代，一直是以夯土为墙。明初朱元璋在南京开始掀起了中国城市建设和改造的大潮，他亲自指挥将南京城改造为砖城，并登上长城下令把万里长城也改为砖城。沐英抓住了这个历史机遇，在进入昆明城的第一年洪武十五年（1382），就下令将元中庆城城墙拆除，改建为砖城。沐英新建的云南府府城比中庆城大，据《南诏野史》记载，新建府城广10里，334步，共1964丈。城墙为夯土砖砌，高2丈9尺2寸，坐北朝南。城外有护城河，城内有街道区划。

据发掘，云南府城的城砖长33厘米，高18

厘米，厚12.5厘米，重达12.4公斤，可见其手工制作水平已有相当的高度。城垣范围向北扩大，圈入翠湖和圆通山，形成了以正义路为主轴的城市主轴线，奠定了今日昆明城市的基础。仅以府城范围而言，东边跨盘龙江，南边濒临滇池，西边踞碧鸡山，北边枕螺峰山（即圆通山）。城内衙门众多，除省的布、都、提三司外，还有府的经历司、照磨司、司狱司、广盈库、阴阳医学、税课司，县的赤水棚巡检司、清水江巡检司、河泊所等。

新建的云南府城开了六道城门，城门上各有一楼。南门叫崇正门，城楼叫向明楼；大东门叫威化门，城楼叫殷春楼；小东门叫永清门，城楼叫璧光楼；北门叫保顺门，城楼叫眺京楼；大西门叫广威门，城楼叫拓边楼；小西门叫洪闰门，城楼叫康阜楼。南门偏西还有一个钟楼。街道也加宽了，南关道宽一丈余，中间分为三道，左边走仕官，右边走商旅，中间走王公贵族。整个砖城的城区面积约有3平方公里。

城内通街要道口还建有若干牌坊，这些牌坊除了为城市增加壮观的色彩外，还寓有显示风物的特点和教化之意。明代建筑的著名牌坊为“金马”“碧鸡”和“忠爱”坊，成品字形。“忠爱”坊是为纪念赛典赤·赡思丁而建，有人认为建于元末，也有人认为建于明初。“金马”“碧鸡”坊则建于明代，后来成为昆明城的文化符号。

城内以五华山为中心，修建了较多的衙门、宅院和牌坊。城南为居民区，划分为若干“里”。东关、南关为商埠之地，商旅多在三市街一带进行茶马交易。

还应该提到的是，云南府所属各县，如呰宁、安宁、昆阳、呈贡、富民等地，也都是从明代开始修建砖城的。这些县城开始成为省城（昆明）的卫星城。

《滇系·疆域》曾赞：“昆明为省会之区，巨浸则昆池浩渺，危峰则太华嵯峨，沃野平铺，群山四拱，而雄踞中央者，坚城高峙，深池周环。闾阎接地罗十万之人家。戈甲连营，拥八千之组练。商贾辐辏，烟火葱龙，信哉，南服一大都会也。”《道光云南志钞》也有：“云南府（即昆明）为全省首郡，山川壮丽，原野膏腴，带海襟山，兼擅陂池之利，甲于三迤诸郡，足与楚蜀比肩，宅是南邦，洵一大都会也。”

多年来，关于明代昆明城的风水问题一直是社会各界关注的话题，2006年《中国国家地理》第1期以醒目的“风水中国人内心深处的秘密”为封面提示语，在其《风水城市》栏目中，对中国现有城市的风水进行了分级，结果新疆八卦城排第一，明代昆明城排第二，余下是温州、阆中、延安等若干城市。在对昆明城的风水格局进行评价时，文章使用了大量风水概念和原理说明昆明城市如何体现了中国传统风水的理念，各种风水因子的搭配得恰到好处。文章引起热议，国内外的相关报刊、书籍以及互联网微博、微信等争相转发引用。一时间，凡谈及城市风水的文章，涉及风水的排名时，其顺序也大抵是新疆八卦城居首，昆明城风水第二。而关于明代昆明城的风水设计，不能不提到明代堪舆大师汪湛海。

汪湛海，江西人，生卒不详，元末明初之际堪舆学家。据罗养儒先生所记，沐英改中庆城为云南府城之后赴南京述职，向朱元璋提及欲建新城之意，朱元璋即向他推荐了曾主持过南京风水设计的汪湛海。沐英携汪湛海到昆明后，汪湛海经过数月亲自踏勘，先找出昆明城的来龙，即昆明城所依仗的山脉走向。昆明城的来龙是长虫山，即蛇山，也是昆明的主山，它源于五六百里外的会泽县西北，其来龙可谓远矣，而循此往上还可追溯到天下总龙脉的昆仑山。这正是风水学说上的上好龙脉。蛇山龙气走动，行徊而上，伸缩起伏，从东北方向蜿蜒而来，行至昆明境内龙气益旺，到铁峰庵处便停顿起嶂，更含蓄旺气，于是九起九伏，向西绕南，至圆通山开玉屏（即现在的衲霞屏），徐吐五华秀气（五华山）。五华分五支而下，结于文庙地场。汪湛海找出来龙后，认为此为艮龙向乾，又掉头向离，此为地脉中极为难见的“紫微龙”！汪湛海站在五华山上，用罗盘定了昆明城的中轴线，然后在中庆城的基础上，结合昆明地势地貌，将拟建的云南府城设计规划为龟形，是以城在蛇山之麓，与蛇山之气脉相接，形成龟蛇相交之态，汪先生并预言，按此建城当为一大福地。

最终按汪湛海的规划建成的云南府城其南门为龟头，北门为龟尾。大东门、小东门、大南门、小南门为龟的四足。汪先生还在五华山右脉一个瓜形高地定下罗针，说此地地气最为旺盛，所以后来就建了巡抚公署，主理云南政事。城将要建好时，汪湛海又特制三石，刻字于石，上曰“五百年前后云南胜江南”，“万事云南占先机”埋于城下，以备后人验证。石头埋于何处，已不得而知。龟是一只灵龟，尾掉而动，所以北门的内城门向北，廓之门则不朝北而朝东，是灵龟掉尾之意。大西门、小西门门向东，小东门门向西，外侧则都向南，这又是寄寓龟之四足起动之意。只有大东门的内外门朝向一致，是因东方属木，取木宜伸而不宜屈之义。

由于汪先生的规划，五华山成为昆明主脉，正义路作为贯穿南北的中轴线，五华山为中心点，（云贵总督府现胜利堂）、巡抚衙门、布政司、藩台、臬台、粱稻署等衙门一律坐北朝南，一字排开。土地庙、城隍庙，圆通寺、武王庙等寺庙都按这个风水走向，脉络布局，各有功能旺地，昆明城池的格局由此形成。

明云南府的砖城承袭了元中庆城，甚至借鉴了大理鄯阐城和南诏拓东城的基本格局和部分形制，通过改建和扩建而来。汪湛海先生承袭与创新相结合，并非全建新城。城的坐向、中轴线、半山城、水循环、古迹观、街巷网，包括东城墙的原位样等等，都吸纳了许多的旧城元素。一座明代砖城，体现了中国传统文化中天人合一，顺应自然，尊重自然的理念，给后世的城市规划和建设提供了一个好范本，此后云南很多府、州、县城的风水都受云南府城的影响，形成一种相似的风貌。

云南府城先后建了8年才完成，建成后的新城雄伟壮丽，景色迷人。明代留驻中国的日本诗僧机先曾到昆明，为昆明赋诗题景，作了《滇阳六景》，这就是明代昆明“六景”之说的来源。

其一是“金马朝晖”：

岧峣金马在城东，黛色苍凉淡墨中。
画角声消残月白，阳乌影动早霞红。
梁王去国荒丘在，汉将开边古道通。
岂料长为南窜客，朝朝相对独为翁。

其二是“碧鸡秋色”：

碧鸡西望水天虚，漠漠秋光画不如。
翠碧烟华摇浪处，丹崖树色著霜初，
前朝有阁今游鹿，落日何人独钓鱼。
却讶维舟湓浦上。芙蓉九叠看匡庐，

其三是“玉案晴岚”：

山如玉案自为名，卓立天然刻画成。
白昼浮岚浓且淡，高秋叠翠雨还晴，

阴连太华千寻秀，影浸滇池万顷清。

杖策何当凌绝顶，滇南一览掌中平。

其四是“滇池夜月”：

滇池有客夜乘舟，渺渺金波接素秋。

白月随人相上下，青天在水与沉浮。

遥怜谢客沧州趣，更爱苏仙赤壁游。

坐倚蓬窗吟到晓，不知身尚在南州。

其五是“龙池跃金”：

路入商山景更奇，玉皇坛畔有龙池。

行逢柳色烟深处，坐看桃花水涨时。

映日金鳞鸣拨剌，含风翠浪动沦漪。

由来神物非人扰，变化云雷未可知。

其六是“螺峰拥翠”：

螺峰近在滇城里，下有招提倚翠屏。

雨后光含僧眼碧，云中色拥佛头青。

层崖鸟度开天险，古洞龙潜閟地灵。

自是幽谷回俗驾，不须重勒北山铭。

诗中的“金碧朝晖”一景，又称为“金碧交辉”。这一景历史上难得一见。现出此景，须秋分节在酉年之中秋日，届临酉时，日西落、月东升之际，日月对正而两光相射，日射碧鸡之坊影倒地，向东而进，月射金马之坊影倒地，向西而进，渐凑渐进，两影相接，故称为“金碧交辉”。

相传此景须经60年方得一见。据记载，在道光年间，值秋分节在中秋日，是年太岁在酉（1837），天气晴朗，昆明不少人士驻足于三市街口，以待坊影之相交。到酉正初刻二分，两个坊影现于地面，金马坊影较碧鸡坊影为淡，然并不模糊，初则相距有二丈多，不到两分钟，两影即各向前进相互接合，但一经接合，两影便渐次消失。

明代昆明六景，特别是“金碧交辉”一景，把城市规划建设与天文学知识点高度整合，既反映了城建的工艺水平，更体现了昆明当时的科技文化水平。很值得重视。

此外，城内还规划了风景名胜区，凡有林壑之美的地方，如九龙池、云水乡、思召堂、海庄等，都建有楼台亭阁，形成了一定规模。

明代昆明的佛教寺院（连同元代建筑）已达52处之多，主要有筇竹寺、青门寺、昙华寺、普贤寺、太华寺、涌泉寺、报恩寺、宝珠寺等。明代昆明地区道观亦较多，主要有龙泉观、真武观、太和宫、玉皇阁、文星楼、真庆观、魁星阁等。

此外尚有回族、白族、彝族等的宗教活动场所和家族祠堂等建筑物。

（二）王贤民安　巡抚斥奸

明代昆明不能不提及沐英及其家族。沐英，字文英，安徽定远人，回族，8 岁时父母双亡，流浪中遇朱元璋收为义子，随朱元璋出生入死，历练成才，18 岁时授账前都尉，曾在西北大破元军，被封平西侯。洪武十四年（1381）随傅友德、蓝玉率军入滇，两年后留镇云南，开启了沐氏家族在云南 12 世 16 人镇守云南，世袭平西侯、黔国公等爵，实授云南总兵官、征南将军印的先河。

沐英受命镇守云南后一方面继续剿抚各地部族豪强的反抗、割据，一方面着力抓经济发展和城市建设。他“手定云南之经营，未十年，百务具举，简官僚，兴学校，课农桑，岁较屯田、户口之损益为赏罚，移民至四百余万，垦田九万九百余亩。滇池溢，浚而广之，无复水患。通盐井之利以来商旅，辨方物以定贡税”。这些举措大部分是在昆明实施的。通过上述措施，强化了云南特别是昆明周边的水利、农田基本建设，解决了移民和驻军的粮食供给，实现了军食自给，不再取之于民，极大改善了军民、官民关系。生产力提高、剩余产品增加也繁荣了商业贸易，发展了文化教育。同时，规制了地方秩序，树立了政府与地方豪强之间的规矩。民生发展，税赋增长，明朝在云南的统治得到巩固和强化。沐英本人因此深得朱元璋的嘉许，在云南地方百姓中也享有很高的声誉。洪武二十五年（1392），沐英死于任上，终年 49 岁。云南军民及地方酋首数万人沿途哭送。

值得一提的是沐英本人自奉甚廉，并重视对家族的约束和门风建设。沐英自幼失怙，性格内敛，“不乐儿戏”，长成后“厚重简默”“沉毅寡言笑”，对自己的言行自律甚严。战争年代，沐英每立战功都会得到奖励和赏赐，“凡得上赐，悉以给将士”。沐英喜养马，他因战功在甘肃、宁夏等地有封地，建有马场。和平时期，这些马本可用以出售获利，沐英却无偿地用于补充骑兵部队或赐予将士。沐英以儒家道德规范要求自己，教育家人，对朱明王朝“孝诚淳笃，感激深恩，竭力图报”，以儒教为治滇之道，“广设学校，慎选儒官，地虽汉夷杂处，一皆范以圣王之道”。10 年亲力亲为，竟使“滇中教化大行，民俗丕变”。沐英家族也在其带动下养成向学崇儒的家风，稳定了家族内部的规范和与外部关系的和谐，子孙也因此受益良多，人才辈出，延缓了家族的衰败，不仅保住了家族286年的平安存续，而且得到明皇室的充分信赖，与明王朝共始终。

沐英家族在云南最高权力的位置上延续近300年的现象一直是史家关注的热点，清末历史学家蔡东藩曾给出这样的评价：“明得云南全出沐英力，而云南人民亦戴德不忘，终明世二百七十余年，沐氏子孙守云南，罕闻乱事，黔宁之功，固不在中山开平下也”，《剑桥中国明代史》亦有如此评价：“实际上，是沐氏家族使云南成为明朝的一个省，并使其成为汉族文明的组成部分”。

有明一代，宦官权重，太监作为皇帝的亲信耳目外派驻镇以监视各地官员的情况很多。明宪宗成化年间（1465—1487），东厂（特务机关）之外又设西厂，以宦官主持两大特务机关。明宪宗朱见深迷信宗教，通过宦官梁芳，引进术士李孜省、僧人继晓等为“传奉官”。梁芳的同党钱能、韦眷、王敬等借采办之名，出使各大城镇，贪污勒索，无所不为。

钱能，女真人，太监，于成化四年（1468）出镇云南，长期驻守昆明。他贪婪无度，到处敲诈勒索，强抢豪夺。如一富翁病癞，其子十分孝顺，钱能竟派人无故鞭笞，说：“你的父亲病癞，已下令军士，将其沉入滇池之中。”其子哀痛流涕，哭诉说，愿以身代父沉入滇池，钱能不许；又表示愿以家财倾献赎父，钱能方才允许，从而大发其财。又如，一从事槟榔生意致富的王姓人士，人称“槟榔王”，钱能派人将其抓捕，质问：“你一个庶民，怎敢欺惑民众称王？”王姓人士只得告饶，以全部家资买命钱能方允。

钱能与安南王秘密勾结，互送巨额礼品。安南王到京城进贡时，钱能要他不经广西，而走云南，从中得利。

钱能在云南镇守12年，搞得云南乌烟瘴气。成化十二年（1476）任右都御史的王恕巡抚云南。王恕，字宗贯，陕西三原人。正统十三年（1448）进士。王恕到云南后，了解到钱能等人为非作歹劣迹斑斑，遂先后上疏20件，痛斥钱能之辈，要求查处。王恕先逮捕了为钱能暗通安南王的郭景，郭景知事已暴露，畏罪自杀。钱能自危，但其神通广大，不久调离云南，到南京任守备太监。而王恕也只在云南巡视9个月，即调往南京都察院另行任职。

巡抚王恕敢于碰硬，揭露和终结了宦官钱能祸害云南人民的恶行，做了好事，被滇人称为“天人”。

王恕是明代理学三原学派的创始人，他的学说主旨就是提倡求实的学风。他的后学，多义烈之士，如嘉靖年间（1522—1566）上疏弹劾夏言的杨爵，上疏弹劾严嵩的杨继盛等。王恕在昆明仅9个月，忙于处理钱能之事，没能静心讲学，但他的道德榜样和理学思想对云南学界的学风是有影响的。后来曾到云南的著名学者杨慎、罗汝芳、李贽，都曾受到王恕的影响。

明代云南巡抚敢于碰硬的除王恕外，另外还有一以悲剧落幕的张璞。张璞，字中善，湖北江夏人。正德八年（1513），年仅30岁的御史张璞巡抚云南，他深入了解民情，不问流官、土官，巡历必至。其时，镇守云南太监梁裕，为非作歹，滥取民间财物，以至柴薪、腌腊、米酒、蔬菜、松子等，皆在搜刮之中。张璞了解了这些情况后，即下令整饬，严禁贪污，对滥收财物之官场恶规陋例尽行革除。

太监梁裕对此大为不满，联络鹤庆同知敖英，上告诬陷。张璞被解往南京，下锦衣卫狱，被冤死于狱中，死时还不到40岁。直到嘉靖皇帝即位后才为他平反。明代宦官外派使地方治理屡受内廷干预，流弊极大。太监所到之处，也要设衙建署，今昆明官渡的罗衙一带就是明代驻云南府的太监衙署所在地。

明代巡抚云南的王恕、张璞，敢于碰硬、为民除害、不畏强权、敢于牺牲的精神，给云南和昆明的各族人民留下了清正廉洁的官员形象和道德榜样。

（三）靖难剧变　建文匿滇

洪武三十一年（1398）朱元璋病死。根据遗诏，皇位由皇太孙朱允炆继承。朱允炆接位次年，改元建文。朱元璋在位30年，极力扩张皇室权力，为明朝建国打下了坚实的基础，为巩固朱家天下，他一方面大肆杀戮功臣，另一方面大规模分封宗室子弟为王，但这些皇子渐成尾大不掉，割据自雄的局面。建文皇帝接位后，燕王朱棣（朱允炆的叔父）仗着自己有战功和军队，又封在曾是元大都的北平，对侄皇帝继位颇为不满，私下已蓄谋兵变。建文帝洞知朱棣为人阴狠决断，为避免发生汉刘濞之乱，断然改制，下诏削藩，同时出台改革官制、精简官吏，以及轻刑罚、薄赋税等一系列措施，力图更新，受到底层社会的欢迎，但却损害了亲王军人集团的利益。雄踞北方、实力强大的燕王朱棣，以肃清朝廷恢复旧制为号召，起兵"靖难"，发动了"靖难之役"。经过4年的征战，朱棣攻占南京，夺取了皇权，并于1403年改元永乐。

据说，当燕王军队攻占金陵（今南京）之际，建文帝朱允炆见大势已去，即下令焚毁内宫，皇后马氏赴火而死，建文帝曾欲自杀，但臣下皆劝其出走。于是，建文帝带少数亲随剃发易僧服，趁混乱之际逃走。之后，建文帝在湖南、湖北等地游荡，因处境十分困难，决计入滇投靠义弟沐晟。永乐元年（1403），建文帝到达云南，住在昆明城中，先到五华寺（原悯忠寺），自称与"沐将军有旧”，寺僧报告时任征南将军的沐晟。沐晟赶至五华寺中与建文帝密谈，为策安全，派人将建文帝一行人送往武定狮子山的正续寺躲藏。不久，建文帝化装出游川滇各省，于永乐四年（1406）再回云南，住西平侯沐晟家中，后移住白龙庵。据说悯忠寺内一直保留着建文帝落脚时坐过石凳，上面刻有“建文皇帝狮子座”的字样。

由于建文帝生不见人，死不见尸，朱棣法理上不能强迫他颁退位诏书，也无法逼其禅位于已，使自己摆脱不掉篡位登基的身份。因此朱棣一直不放心，多次派人到处搜寻建文帝的下落，追查甚严。后有人告密说，建文帝住在沐晟家，朱棣即遣使搜查沐家，但一无所获。朱棣又命户科都给事中胡濙巡视四方，遍行郡县，到处侦察。

到永乐七年（1409），胡濙四出侦察未果，又有传说建文帝可能蹈海而出，朱棣即遣内臣郑和浮海下西洋，寻找建文帝下落。这也是郑和下西洋的最初原因。

永乐二十一年（1418），胡濙已升至礼部尚书，巡视两湖地区时，得知建文帝当时正在宣府。

胡濙深夜赶到宣府，拜见建文帝，并安慰建文帝，巡察之事，不必顾虑。于是，建文帝更是放心，就在昆明西山的太华寺驻锡自号文和尚。据传，建文帝喜茶，尤爱滇中一带产的中小叶种绿茶，在其住所附近种了数十株茶树。今太华寺后仍有数片茶园，据说其中就有当年建文帝亲手所植的一株。

永乐九年（1411）底，郑和第二次航海回国后，回云南晋宁探亲、扫墓，也有奉命寻觅建文帝的意思，最后也不了了之。

建文帝活了60多岁，以寿终，据说葬于昆明西山、或云遁走粤西，不知所终。

建文帝隐匿云南的传说，不仅见于《明史纪事本末》《新纂云南通志》《云南备征志》等后世史书，还有更多的民间传说加以印证。2013年明史专家在昆明市宜良县梨花村发现该村马氏族谱中有有关先祖马沐驷即为沐英第四子沐昶的线索。史载沐英的第四个儿子在靖难发生时正在南京皇宫里做事。据马氏后人说，先祖当年随建文帝一起逃至云南后隐姓埋名，创建了现在的梨花村。关于建文帝的下落，历来众说纷纭，但只有昆明保存的建文帝行踪的遗迹最多最具实证力。建文遁滇虽或确有其事，但其详情，却至今还是一个谜。

（四）以农为本　屯田实边

有明一代以来，汉族移民到云南达三四百万之多，带来了内地先进的生产技术，促进了云南特别是昆明的城市化进程，强化了云南边疆与内地的经济联系和文化交流。尽管朱元璋、朱棣统治时期，实行专制、高压政策，但是沐氏家族对云南的统治相对较为宽松，这对地方经济、社会、文化的发展是有利的。经济方面，在沐氏主持下大量开垦荒地，继续兴修水利，发展农业、副业和畜牧业，同时还促进了手工业和商业的发展。

明代向云南大批移民和大规模军屯民屯的结果，最直接的是农业种植面积的不断扩大。仅在沐英、沐春父子统治云南的十六七年间，就垦田130多万亩，在以后的200多年间，垦田数还在不断增加。昆明地区开荒情况也大体如此，云南府从正德五年到嘉靖十九年（1510—1540）的30年间，耕地由3671顷增加到3875顷，增加了2

万多亩。从嘉靖到天启的 80 多年间，由 3800 多顷增加到 10740 多顷，共增 38.7 万亩。在这 110 多年间，耕地面积就增长了 3 倍。当然，这还与滇池水位降落，出现了新的可耕地有很大关系。与免征新垦荒地、荒田税收以鼓励垦荒亦有关系。

明代从沐英起，在移民、屯田、开荒的同时，高度重视兴修水利。到正德年间的近 200 年间，所有汇往滇池的各河道、水渠，都曾开浚、清沙、凿石、筑坝、修堤。不仅随时动员军民投入水利建设，而且还有岁修的规定，各州县长官，都需按期完成。

海口疏浚工程是这一时期水利工程的重点。海口是滇池泄洪的主要地区。在整治疏浚前，每遇大雨，湖水暴涨，宣泄不及，就会造成严重水灾，沿湖田禾，大乡淹没，人民生命财产遭到损失。明弘治时期（1488—1505），巡抚陈金自螺壳滩至青鱼滩，修浚 20 多里，使滇池泄洪畅通，减少了洪灾；同时定有大修、岁修之例。万历年间（1573—1620），布政使方良曙于牛舌洲左豹山下，尽力疏通，水流大畅。

谷昌坝水库原为土坝，后为发挥拦蓄调剂作

用改为石坝，又修了闸门，解决了原来土坝不易控制水量的问题。石坝所选石块皆较坚厚，长短相制，高下相纽，为犬牙状，如鱼贯之，而钤以铁，灌以铅，使之坚固异常。

至于其他河流（习惯上称为“六河”）的疏导、开渠、增修坝闸，亦尽力而为，特别是对金汁河、银汁河和盘龙江的治理，以及横山水洞和南坝的修建，是下了功夫的。仅金汁河、银汁河的疏浚，就修筑了 80 多里的石堤。不仅增加了土地的灌溉面积，而且有效减轻了城市的水患危胁。

这些水利工程都较为浩大，动员的民工、军工甚多。如 1490 年修海口时，用工 1.5 万名；修谷昌坝水库时用工 5.7 万多个；南坝闸用工 8.3 万个。

农业的发展，带动了畜牧业的发展。云南地方政府在牛、马的繁殖和驯养上下了很大功夫。嘉靖年间（1522—1566）仅云南府 6 个卫的屯牛就有 4544 头。而马由于军事需要，更受重视，嘉靖年间，昆明地区的云南左卫、右卫等六卫及安宁御所军马即达 2053 匹，占全省各种军马总数的 30% 左右。

明代昆明地区粮食作物种类繁多，包括稻

谷、大麦、小麦、豆类、薯类、蔬菜、荞类等。经济作物有桑、麻、木棉等。副业有渔、猎、养蜂、采药、编织以及农产品的加工、棉麻丝的纺织等。

明代昆明很重视积谷防灾，府、县均设有预备仓、义仓、屯仓等，遇有灾害，常进行抚恤。

明初云南通行的货币仍然主要是贝币，但铜钱、银钱和钞、币的地位在逐渐上升，到了大批移民到来后，贝币就被迅速淘汰，铜钱和银钱成为主要的流通货币。

（五）兴文重教　育才聚贤

沐氏家族在云南实行较为开放、宽松的文化政策，对被贬谪入滇的文化人士，亦“礼贤下士”。沐英对与朱元璋对抗被贬的御史韩宜可、董伦、王景等文人，一律优礼相待。其三子沐昂，还把在云南当官或谪戍云南的文士之诗，合编为《沧海遗珠集》，广为流传。

明朝统一中国后，在继承前代科举制度的基础上，进一步加以完善，在全国范围内实行开科取士，对培养人才的“学府”给予了较为宽裕的经费，以“学田”为经费的主要来源。云南府学仅几十人，却有学田595亩。

中举的人数也大为增加，从明洪武二十七年（1394）甲戌科到崇祯十六年（1643）癸未科历81科，计中进士70人；生员在同期参加乡试中举人的707人，其中解元（第一名）30人，占明代全省解元81个的1/3。在这些人士中，有积极入仕的，也有拒绝为官的，如《南诏野史》的编纂倪辂，中举后被委为威远县知县，他辞官而归闭门著书立说。

明代重视学校建设，在云南府设有“提学道”，这是主管全省文教事业的机构，管理各府州县儒学53处。昆明地区另有书院8所，如五华书院、文昌书院、升庵书院等，府学1所，州学3所，县学3所，社学29所。还曾设过1所缅学馆，专门培养缅语人才。

明代昆明聚集了一批文化名人。这些文化名人中，既有本土的，也有谪滇、游滇名人。他们的活动及其业绩，为明代的昆明文化增添了丰采。

首先是郑和。前面介绍过，郑和（1371—1433）是昆明县昆阳人，本姓马，小名三保。他的父亲和伯父都曾赴麦加朝圣，因而有“哈只”的称号。郑和是赛典赤的六世孙，是元朝贵族族裔，明军破中庆城后拘捕了元朝贵族族裔，后由蓝玉押赴南京为官奴，马和被分配给燕王朱棣充当宦官。朱棣发动靖难之役，夺了侄儿建文帝的皇帝位子，马和在靖难之役中立功，朱棣赐其姓郑。他从1405—1433年的28年间，7次率领船队远航，到达东南亚、印度洋、红海、东非等30多个国家和地区。规模最大的一次，是由2.7万余人、200多艘船只组成的庞大船队，其船舶数量之多，船只吨位之大，航海人员之众，组织配备之严密，航海技术之先进，航程之长，影响之巨，在当时都是举世无双，在今天仍然是令人赞叹的。郑和七下西洋，是世界航海史上的伟大创举。郑和的大半生虽然没有生活在昆明，但他的事业与他幼年在滇池湖畔的成长经历是不可分割的。

兰茂是声著滇中的名士。明代是中医中药大步前进的时代，很多医学家和医学上的重要成就皆出自明代，兰茂就是其中之一。兰茂（1397—1476），昆明嵩明人，隐居不仕，钻研医学和药物本草，旁及经史、音韵之学。兰茂采集云南各地生长的中草药，集纳民族民间医疗经验，编成《滇南本草》一书，所收药用植物 508 种，成书早于李时珍《本草纲目》100 多年；兰茂还编有《医云挈要》阐述医理。兰茂精通音律，著有《韵略易通》和《声律发蒙》等著作，开辟了以注音汉字进行启蒙教育的新路。《滇南本草》被誉为“滇中至宝”，其中收入了很多云南独有的药材，被称“南药”，是中医中药的重要补充。而兰茂本人则被称为“古滇真名士”。

杨一清（1454—1530），安宁人，少年即以奇童荐为翰林秀才，成化年间进士，授中书舍人，迁山西按察佥事，以副使督学陕西，历南京太学寺卿，巡抚陕西，右都御史，吏部、户部、兵部尚书，武英殿大学士，太子太师，左柱国，华盖殿大学士。自谓“生于滇南，长于湖南，耄于江南”，故晚年号“三南居士”。著有《关中奏议》《石淙类稿》等，是著名的清官、文士。

明代昆明地方杰出人士尚有孙继鲁（回族），官至尚书、巡抚；严清，官亦至尚书、巡抚；王元翰，官任给事中、刑部主事。

明代充军屯垦成风，官员犯了事多半充往云

南，因此谪滇来昆的名人很多，有杨慎、韩宜可、史谨、楼琏、寇克仁、逮旭、易恒、郑旭、朱琳、陈士瑞、曾日章、毛铉、胡粹中、徐如珂、丁镐、费良弼、董伦、陈振琦、刘有年、王昙、平显、曹颖昌等；客游来昆的名人有陈谦、苏程、董菩、平宣、居广、耿琦、元曦等；还有宦滇学者文人徐樾、罗汝芬、李贽等。他们对昆明地区的文化发展也产生了一定的影响。

徐霞客(1587—1641),字振之,今江苏江阴人,明末著名的地理学家、旅行家和文学家。他生活在宦官擅权,政治腐败,社会矛盾日益激化的年代,故抛弃仕途,把一腔热情寄托于祖国壮丽的河山,把毕生精力献给了崇高的科学事业。他从 22 岁起,就走出书斋,开始了艰苦的旅行和科学考察工作,直至去世前一年,因积劳成疾离开云南,返回故里,前后 30 多年。他曾东边渡海到落迦山，西至云南腾冲西境，北游盘山，南达广东罗浮山，游遍明代的两京十三布政司。

云南是徐霞客一生游历和科学考察的终点。他从云贵交界处的胜境关进入云南，足迹遍及三迤的曲靖、云南（今昆明地区）、澄江、临安、广西（今泸西）、寻甸、武定、姚安、大理、鹤庆、丽江、永昌、顺化、蒙化等 14 个府，相当于现今曲靖、昆明、玉溪、红河、楚雄、大理、丽江、保山、德宏、临沧等 10 个地州市的 46 个县级政区的境域。云南是徐霞客在家乡以外生活时间最长的省区，而在云南考察期间曾几度进出昆明。可惜的是，徐霞客入滇后最初的 87 天的游记，在 1645 年江阴毁于战火。

徐霞客于崇祯十一年（1638）初第一次到达昆明。他对昆明城市建筑记载不多，而将重点放在记录山水胜景。昆明西山是滇池风景名胜区的重要景点，徐霞客不但游遍山腰诸寺，还下到山脚探金线泉，上攀绝顶“美女峰”。写下了《游太华山记》成为记西山胜景的名篇。详述了西山风景区全貌。

1638 年底，徐霞客再次来到昆明，受到滇中文人名士的热情款待，生活惬意。徐霞客此次游览滇池一周。他赞赏晋宁州城城楼修建得“极其壮丽”；又称安宁城店铺集中而繁华，“安宁一州，每日夜煎盐千五百斤。城内盐井四，城外盐井二十四。”繁华景象可想而知。

（六）桂王滇都　平西官园

17 世纪中叶，世界面临着大变革，英国已燃起资产阶级革命之火，而中国则面临着新一轮农民革命催生的改朝换代的大变局。明崇祯十七年（1644），李自成领导的大顺军攻入北京，朱由检（崇祯）自缢身死，明朝事实上已灭亡。与此同时，张献忠领导的农民军也节节胜利，摧毁了一些明朝的地方政权。明山海关总兵吴三桂引清兵入关，以为崇祯复仇为名共同镇压农民军。1644 年 5 月 2 日，清军进入北京。8 月，清顺治帝福临登位于北京，农民军的反明斗争转为抗清斗争。

1644 年 11 月，张献忠攻克成都，建立大西政权，年号“大顺”。顺治二年（1645）李自成遇难，次年张献忠战死。大西军余部由孙可望、李定国、刘文秀、艾能奇四将率领，继续西南地区转战，坚持抗清斗争。

明亡后，明王朝的残余势力在南方纷纷建立政权，史称“南明”，其中影响较大的有福王、鲁王、唐王、桂王四个政权。四个政权中，桂王政权由于得到大西军余部李定国、孙可望的支持，也得到明朝大将军沐天波的拥护而维持的时间最长。

从南明永历元年（清顺治四年，1647）到永历十二年（清顺治十五年，1658），农民军控制了北至川北保宁（今阆中），东到湖南岳州（今岳阳）、江西吉安，南抵广东新会，西南直抵云南边境的广大地区，并相继以所占领的省会城市作为南明的政治中心，左右全国局势达12年之久。1647年，进入云南建立抗清政权，1650年改云南省为云兴省，云南府为昆明府，昆明县改为昆海县，以贡院（今云南大学）为皇宫，称昆明为滇都。滇都昆明是桂王称永历皇帝后的最后一个首都。永历皇帝在昆明的时间从永历十年（清顺治十三年，1656）三月到永历十二年（清顺治十五年，1658）十二月十五日，共两年零九个月。李定国为永历帝设置的皇宫先在贡院，后迁五华山孙可望的东平王府。

大西军在昆明铸铜币“永历通宝”，以“扶明”为斗争口号，推行了一整套经济、文化、民族、宗教政策，实行了打击豪强地主和有利农民、商人、手工业者的政策措施。如招抚外逃百姓回家复业，贫困者借给耕牛、种子；对殷实富户追逼粮饷；凡近省会的田地及盐井，按“官四民六”的办法征收赋税，对于地主只给1/10的田租；兴修水利，疏浚海口；鼓励民间开矿；鼓励商业贸易，改革货币，废除不适应经济发展的海币（贝币），铸造铜钱“大顺通宝”；军队不允许经商；鼓励官吏廉洁，严惩贪污；允许人民直接向官府申诉进言。加上大西军纪律严明，深受民众欢迎，因而社会安定，生产得到恢复和发展。两年之内，大西军也由几万人发展到20万人之众。

大西军组成了以孙可望为首的四人领导核心，孙可望称东平王，李定国称安西王，刘文秀称抚南王，艾能奇称定北王。设礼、兵、工、户、锦衣卫、学院六部，祀孔子文庙，实行科举考试制度，取士充任官吏。但后来永历帝对孙可望的势力心存戒惧，设法离间挑拨四王的关系，致使孙可望与李定国反目，孙可望出走，并最终背叛大西军，向清军统帅洪承畴投降。李定国等则继续坚持抗清扶明斗争。

清顺治十五年（南明永历十二年，1658）12月，清军吴三桂、铎尼、赵布泰分三路入滇，会集于曲靖。大西军不敌，永历帝在沐天波的亲自护卫下一路西退，直到逃至缅甸阿瓦城，李定国部在撤退中与沐天波部失去联系，便屯集于中缅边境一带。吴三桂率清军穷追不舍，大军直逼中缅边境，并派人入缅要缅王交出永历一行。清顺治十八年（南明永历十五年，1661），缅甸发生政变，永历帝的追随者大批被杀。次年，缅王设计先诱杀了沐天波，随即将永历帝及其家属拿下，送交清军带回昆明。吴三桂随即将永历帝及其子绞死于昆明金蝉寺（在今华山西路利昆巷），从而结束了南明最后一个王朝。昆明作为南明王朝“都城”的地位自然就消失了。不久，李定国亦病逝于中缅边境，余部流落中缅边境两侧，成为当地的汉人部落，今缅甸果敢地区就是其中之一。

（七）三桂王府　半城霸光

吴三桂（1612—1677），字长伯，江苏高邮人，迁辽东（辽阳），出身将门，明末山海关总兵（宁远总兵，驻山海关地区，俗称山海关总兵）。1644年明亡，吴三桂在山海关降清，放清军入关，并率所部军事力量，为多尔衮充当先锋，围剿李自成大顺军和张献忠大西军，从东北一直追到陕西、四川。顺治十六年（1659），吴三桂进军云南；康熙元年（1662），吴三桂将永历帝缢死于昆明。

清顺治帝福临封吴三桂为平西王。与他差不多同时降清的明将尚可喜封平南王于广东，耿继茂封靖南王于福建（耿继茂死，其子耿精忠袭爵）。当时，吴、尚、耿合称“三藩”，而以吴三桂势力最大，继而封为亲王。

吴氏集团统治昆明的前7年，即1659—1665年间，清朝刚刚统一全国，还没有来得及另派人来昆治理，乃留吴三桂镇守云南。吴三桂拥兵自重，实行割据。他不仅把明代封于云南沐氏家族的70多万亩庄园地全部转为自己的私产，而且大规模圈占土地作为“平西官庄”，一变而为最大的庄园主。半个昆明成了他的私人庄园，另外半个昆明成了他的党羽、亲信的邸第，而不属他嫡系的官员则被赶出城外，“僦居关厢”。郊区的农田也多被圈占，用以牧养战马。

在吴三桂的庄园里，役吏们杀人抢劫，凶如豺狼。各族失地农民被驱逐到边远的瘴疠之区和高寒山区，造成人口大量死亡。吴三桂不仅恢复了明代后期所有繁重的赋税，而且巧立名目，加重征敛，仅盐课一项，3 年之内提高到明代万历年间的 4 倍以上。又利用亲王的权势和滇铜的便利，直接制造钱币，当时称为“西钱”，并强行在全国流通，不仅把地方经济完全控制在自己手中，而且套购国内各地物资。他还把金矿、银矿、铜矿的开采、销售变为自己的专利，运往湖南、广东推销。

吴三桂聚敛了巨大财富，过着穷奢极欲的腐化生活。他扩建五华山明永历帝的皇宫作为藩王府（“宝殿”）。据记载，王府“红亭碧沼，曲折依泉，杰阁丰堂，参差因岫，冠以巍阙，缭以雕墙，袤广数十里。卉木之奇，运自两粤。器玩之丽，购自八闽。而管弦锦绮，以及书画之属，则必取之三吴”，又将“菜海子”（翠湖）填平一半，名为“新府”（即今之云南省图书馆等地），作为其孙吴世璠的府第。他还修建富丽堂皇的“安阜园”和“莲花池别墅”（都在今莲花池附近），其建筑“穷极土木，毁人庐墓无算，以拓其地。缙绅家有名花奇石，必穿屋破壁致之，虽数百里以外，不恤也”。在五华山至莲花池别墅修专用栈道，还可从莲花池乘船经篆塘通往近华浦（今大观楼），直入滇池。他派人从苏州购买 15 岁左右的伶人 40 名，作为他的歌舞班，仅制作舞衫道具就花了几十万两银子。

吴三桂还在昆明东郊鸣凤山修建道观“太和宫”，以 250 多吨纯铜铸造“金殿”。

早在明万历三十年（1602），崇信道教的云南巡抚陈用宾即命人仿照湖北武当山太和宫的铜殿式样铸造了一座“金殿”，里面供奉真武神像，外面筑砖墙、城楼、宫门环护，俗称铜瓦寺。35 年后，因当时的沐氏国公自感运势不佳，迁怒于凤鸣山的金殿，认为金殿的“金”与“木”相克，冲了沐家的运气，嘱巡抚张凤翮将铜殿迁到滇西佛教名山鸡足山。吴三桂统治云南后，于清康熙十年（1671），命人重建金殿，这就是我们现在看到的昆明东北凤鸣山的金殿。

吴三桂建的金殿，台基有上下两层，均为正方形，正面为大理石镶砌的台阶 10 级，台基地面亦为大理石铺砌。

第二层台基上的金殿也呈方形，每边长 6.2 米，高 6.7 米。迎面正中的六扇铜门门心，各铸一龙，一龙在云中飞舞，一龙在海中翻腾，又互相顾盼；

下门板上铸凤凰舒翅张羽的图案。殿内正中供奉真武铜像，两侧有天君和金童玉女铜像。殿宇内四角有四根金龙盘柱，托着八方形的金龙藻井。藻井上面正中大梁上，刻铸着“大清康熙十年岁次辛亥大吕月十月六日之吉，平西亲王吴三桂敬筑”字样。殿内所有神像、龙柱、云龙藻井、大梁及殿壁，都曾贴似金箔。殿宇两侧和殿后，共用26扇铸有“寿”字和云龙浮雕的铜门作为殿壁。金殿屋顶，正脊通体为云龙雕刻图案。脊中为火焰宝珠，两端饰以雕龙。殿前平台两侧，立着两座铜侍亭，亭内有威武的护卫神铜像。右前竖立一面日月七星旗，三角形的旗面上镂有“天下太平，风调雨顺，国泰民安”的字句。旗杆及旗帜均为铜质。昆明金殿是目前国内保存的最大最重的古代纯金属建筑，其250吨重量为排名第二的湖北武当山中峰铜殿80吨重量的3倍多。1982年，国务院公布金殿为全国重点文物保护单位。

吴三桂搜括钱财，打下了割据云南的经济基础，遂扩充军队达10镇，每镇10营，每营1200人，总兵力在10万人以上。他向清廷强索军饷，军费每年高达900余万两，占清朝全年财政支出的1/3以上。他还秘密屯集硫黄、硝石，制造武器；与西藏达赖喇嘛勾结，从西藏输入大量军马。吴三桂以亲王特权，自行选用文武官吏，中央吏部、兵部不得干涉，经费开支户部也无权节制。

他甚至可以向各省推荐选拔官吏，称作“西选”或“西府选举”，当时有“西选之官遍天下”的说法。

他与中央王朝擅权的大臣鳌拜相勾结，儿子吴应熊也成为清皇室的驸马。

吴三桂在云南的统治倒行逆施，既引起人民群众的不满和反抗，又引起中央王朝的忧虑和恐惧。

为此，康熙十二年（1673）初，康熙皇帝决定撤藩，要吴三桂的“所属官兵家口俱行撤移”到山海关外。吴三桂乃于同年11月21日发动叛乱，囚禁清朝专使，杀死云南巡抚朱国治，自称“天下都招讨兵马大元帅”，设局铸“利用”钱以为军用，下令恢复汉族服装发式，积极发动叛乱战争。

在起初一二年内，吴三桂颇为嚣张，其军事势力一度控制了云南、贵州、四川、湖南、广西、福建等省以及甘肃、陕西、湖北、江西、浙江等11个省的部分地区。但吴三桂缺乏北进与清朝一拼到底的坚定信念和一统天下的战略构想，妄想与清廷划江而国，在军事有利时裹足不前，终因丧失先机，被清军拖入持久战中。

到康熙十六年（1677），吴三桂与清军已处于战略相持状态。康熙杀了吴三桂儿子吴应熊和孙子吴世霖，以示削平三藩的决心，接着向吴军发动反攻。吴三桂先弃明降清，又亲自追杀永历帝，誓言永远效忠清廷，继而因削藩而反清复明，再又自立为帝，反复无常，其政治形象早已破产，民心丧尽，军心不稳，加上战事延宕，财政难以为继，陷入危境。康熙十七年（1678）初，吴三桂在湖南衡州（今衡阳）登位称帝，国号“大周”，年号“昭武”，封其妻张氏为皇后，此时战局稍有好转，张皇后却突然病死，吴三桂陷入极度焦躁中，八月吴三桂中风暴死。其孙吴世璠继位，改元“洪化”，以昆明五华山为宫城。

不久，清军从四川、贵州、广西三面进入云南，会师曲靖后，即对昆明形成包围态势。清军围昆明前，昆明以外的吴军部将几乎全部降清。康熙二十年（1681）底，清军攻占昆明，吴世璠自杀身亡。吴三桂发动的分裂割据战争，打了8年，最后以失败告终。

（八）风水之战　圆圆遁迹

清军攻入云南，康熙十九年（1680）二月来到昆明城下，从东北西三面包围昆明城，九月清军连过三濠三桥直抵城下，又从水上封堵了城内的运粮通道，十月，城中粮尽援绝，南门守将暗通清军，开门投降，清军方蜂拥而入，吴世璠见大势已去，服毒自尽。清军围城时长近8个月，城之固可想而知。据传，在这8个月中清军多次攻城不利，曾进行过一次风水战。明、清两代，军中多聘有堪舆师随军以观看地形，寻找对方的死门死穴和有利己方的进攻路线。攻城军也有随军风水师，在久攻不克的情况下，风水先生出动，先绕城看了昆明砖城的主脉，发现昆明城龙脉很旺，要想攻下此城，须先从大势上破了这条龙脉。这位风水先生看好方位后，即请主将拨付兵勇，驱动当地民伕数万人去断长虫山主山的龙脉，以削昆明城池之风水旺气。军队分批迂回至北边的长虫山两翼，分成几路上山。数万军民，跟着堪舆师来到铁峰庵前，由东向西挖断龙脉，沿途分几十个工段开挖。一声令下，人多势众，军民挖山不止。

数日之后挖出一条东西贯通的跨山马路，然后在近20个所谓的穴口局部处，填入鹅卵石以求阻断龙脉。同时，在指定的所谓龙脉中穴处，挖出了整整一个月牙塘。塘口植被丰盛，水土协调，挖塘成形，水渐有蓄。水能止住气脉，大概就循这个理。大师说："挖断了龙脉过谷地，挖开了龙气阻断塘，填充了挡龙卵石坑，谷路断脉，遇水气散，昆明砖城内的旺气，势已削也。"挖山断脉大功告成之后，清军调集军队再赴南门，立即着手炮轰南城门。20门火炮瞄准南城城门开炮，连续几轮下来，南城城墙轰开一个垭口，清军就势而入。原来南门楼东段城墙早已从内坍塌，尚未及修补，只是临时用几根大木头遮住而已，清兵从垭口冲进城垣，顿时城池告破。几路清军紧跟其后，一片喊声入城……瞬间即占领五华山、圆通山和祖遍山等高地，攻城大功告成，吴世璠的军队全军覆灭。

而与此相关的是，康熙二十五年（1686），在平三藩时立有功劳的范承勋接任了云贵总督。范承勋曾专门攻学过堪舆学问，据说风水本领不在汪湛海之下。他到任昆明后，即踏勘四围山势，查询水口走向，认认真真研究了一番昆明城的风水结构。审山龙，察地脉，别阴阳，定子午，走完整个踏勘程序，范总督嗟叹不已，称昆明城背靠的山脉“九起九伏”，“乃帝王之城也”。其说予下属：昆明山龙属紫微龙，紫微龙向离，若乘旺运，便可产生出帝王来，与我朝分庭抗礼，怎行？

范承勋认为：长虫山以九顶入城，其间以王帽山、荷叶山之龙气最旺，须破其气削其旺势。总督就调集军队及工匠万余人，在王帽山与荷叶山两山上胡挖乱掘，连续折腾了一个多月。终于，在两座山山箐间，由东向西掘出若干条沟壑，仿佛人脸上密布的横向皱纹。直到认为“山形残断，脉向受挫”时，范承勋才传令撤人。

清代平藩后，由于五华山曾是历代与中原王朝分庭抗礼的另类帝王盘踞的风水宝地，镇守云南的大员们都自觉地避开占山为王的僭逆嫌疑，不再将衙署设置于山上，使五华山一度成为开放的市民公园，山上寺庙、书院林立，环境宜人。

陈圆圆，江苏常州人，生于明熹宗天启末年（约 1626—1627），父亲名邢三，母亲因家道贫寒早逝。后邢三流亡出走，圆圆幼小，遂由姨母收养，姨父姓陈，故从陈姓，名沅，字畹芬，小字圆圆。陈圆圆在昆明的传说甚多。

由于生活困难，陈圆圆 10 余岁时，姨父将她卖给艺馆充当“玉峰歌伎”。因聪明秀丽，几年后“色艺双绝”，歌声“纤柔婉转，就之如啼；演西厢扮贴旦红娘角色，体态轻靡，说白便巧”，因而名噪一时。陈圆圆才华出众，能够自编词曲，曾作《午余词》《荷叶杯》等曲。

崇祯十五年（1642），崇祯帝朱由检之田妃的父亲田畹，甚慕陈圆圆，遂出高价，将她赎身带到北京。但陈圆圆理想中的如意郎君是江南才子冒襄，两人曾信誓旦旦有约在先。

陈圆圆入京，田妃父女为讨好皇上，曾将陈圆圆进献宫中。但因明末农民大起义高涨，明亡在即，崇祯无暇顾及酒色，陈圆圆又回到田家。不久，吴三桂镇守山海关，田畹为结交藩镇，又将陈圆圆赠给吴三桂。此后，陈圆圆即随吴三桂转战山西、陕西、四川，后入云南。

吴三桂割据云南后，终日以酒色自娱。在他身边有大批从苏杭新选来的妙龄侍姬，还有大臣进献的美女“八面观音”“四面观音”等。

陈圆圆是个有政治眼光、能总揽大局的女子，1673 年，吴三桂叛乱前，陈圆圆屡谏阻止，吴三桂不从，陈圆圆退居别院，写信向吴三桂再加劝阻。信是这样写的：

“王于满人入关之际，有天时之可乘，妾劝令逐胡自立，而王弃之。在未入滇之前，有地利之可据，妾请王奉明嗣以光复故国，驻武汉而连合天下，而王置之。多尔衮蹂躏百姓，屠杀汉族，民怨丛兴，人民心怀愤懑，有人和之可赖，妾怂恿王择明嗣而图大事，而王忽之。延至今日，清基已固，乃欲以钟漏垂歇之年，当北方虎狼之众，甘心为胜负难决之事，并贻重患于子孙，非计也。妇人女子之见，维王图之。”

此信可谓语重心长，颇有见识。但吴三桂仍

不予理睬。陈圆圆悲愤已极，痛感可能“死无葬身之地”，遂削发为尼，匿居不出。

陈圆圆预感吴三桂必败，自己亦有可能遭遇不测，遂筹谋出家为尼。她出家之前，于城内建筑尼姑庵多达 10 余所，即近世存留之金莲庵、妙法庵、白衣庵、紫衣庵等。

这些尼姑庵落成后，又选择与自己年龄体貌相近似之女子若干人，为各庵之住持。陈圆圆遁迹于各庵，今日在此，明日在彼，时间久了，竟不知她到底在哪里，也不知道在这些尼姑中，哪一位是真的陈圆圆。也有传说，她先出家到南郊宏觉寺，法名寂静，后迁至小西门外瓦仓庄的土主庙栖身，1681 年，清军平定云南，占领昆明后，土主庙改为三圣庵，寂静不知所终。有人说，陈圆圆投城北莲花池自杀身亡，时年 58 岁；但亦有说，陈圆圆趁混乱出走，遁迹贵州某地。

今昆明城北莲花池公园内设有陈圆圆梳妆台遗址，并有人为之立墓，但已很难确实考证了。

五、督 府

云贵督府 繁华边城

清代沿袭明制，仍以昆明为省会，称云南府城为省城或会城。云南府设四州八县，即晋宁、安宁、昆阳、嵩明四州，昆阳、宜良、嵩明、富民、呈贡、易门、禄丰、罗茨八县。

“三藩之乱”后，康熙推进政治改革，不再分封王爵镇守各地，由皇帝直接委任总督和巡抚治理各省，将权力高度集中在皇帝手里。康熙在云南设云贵总督、云南巡抚，将军政大权收归督抚。改明代的“三司”为“二司”，撤销都指挥使司，布政使司的职权相对减弱，按察使司继续保留。

清初第一任云贵总督蔡毓荣上任后，首先革除吴三桂时期的十大弊政，并根据十大弊政提出了著名的“筹滇十疏”，就是一请蠲（音：捐）荒，二制土人，三靖滇逃，四议理财，五酌安插，六收军器，七议捐输，八弭野盗，九敦实政，十举废坠（即修建城墙官衙）。这 10 条，除第六条收民族地区兵器一点外，都被清政府批准。又将吴氏集团全部庄园改为民田，采取休养生息政策，使昆明的社会经济得到了恢复和发展。

这时的昆明城区基本上沿袭明代以来的状况，城市为洪武年间修筑的砖城墙所环绕。城门有六，南北各一，东西各二，名称上有所变化。南门改为“丽正”门，大东门改为“成和”门，小东门改为“敷泽”门，大西门改为“宝成”门，小西门改为“威远”门，北门改为“拱辰”门。各城门上均有城楼，南门城楼叫“近日”楼，大东门城楼叫“殷春”楼，小东门城楼叫“璧光”楼，大西门城楼叫“拓边”楼，小西门城楼叫“康阜”楼，北门城楼叫“眺京”楼。道光十八年（1838），云贵总督伊里布在丽正门东面增修鼓楼，名“启文”楼；西面增修钟楼，名“宣化”楼。城墙外为护城河，河可通航，呈贡、晋宁等地的粮食则由船载过滇池经护城河运至小西门，然后再用人力搬到城内。

清代前期，城内主要建筑以各种官方机构所

在的“署”“院”为主。城内外有大量的祠寺庙堂及牌坊，仅在正义路上就有“万寿无疆坊”“天开云瑞坊”“世恩坊”“忠爱坊”“金马坊”“碧鸡坊”等。城内还有各衙门公职人员的住宅区。平民、商人、手工业者则居住城外。

“三藩之乱”后，城市开放，平民纷纷迁入城内，这是清代昆明城市变化的一个重要特征，但城内仍未成为平民百姓的主要居住区。居民中城内居民约占 3/10，而附廓居民约占 7/10。

城外居民主要集中在南门外，如三市街、珠市街、金马碧鸡坊、云津铺、盐行街、太和街、东寺街等。

此外大、小西门外和大、小东门外，也有相对集中的居民区和市场。就整个昆明城市市区来看，北部以衙署、庙宇、食馆、菜园居多，人口仅占 3/10，南部则市场繁华，人口集中，人口约占 7/10。据统计，清代前期，昆明城内有省、府、县级衙门 30 个，牌坊 12 座，城内外祠寺 147 所。

清代街道较有名而又繁华的，城内有南正街、三牌坊、四牌坊、马市口、辕门口、东院街、西院街、福照街、长春街、树皮坡、东门正街、粮道街、书院街等；城外有南门外的三市街、云津街、太平铺、盐店街等，东门外的金牛街，西门外的永平街、庆丰街等，是当时昆明各行各业分布相对集中的地区。同一行业往往集中在一条街或一个地区，故不少街道的命名源于主要售卖商品货物的名称，如马市口、羊市口、珠市口、树（熟）皮街等。各商业行业逐渐集中分布于一地，如三牌坊下街为绸缎行业集中地，三牌坊上街则是海味、干果、煎销（熔融）行业集中地；近三牌坊一段街两侧的铺户檐前，为猪、羊肉和水产的主要销售地；马市口一段，主要销售烟土、脂粉、绒线、药材及文房四宝等；文庙直街主要经营帽业和象牙、虎骨、兽皮等缅货；二砻街多铜器铺、玉器铺、皮革店；福照街则为旧衣铺；书院街为攒裱铺、画匠铺、绣花铺的集中地；东院街主要为靴鞋铺、帽铺、皮革铺；正南门前主要有布、纸铺和干果铺；南门外忠爱坊一带主要是印花布铺；珠市街主要是棉线铺；四川街卖四川货；珠玑街卖马具、驮具物件；打带巷专售海菜；新闻街专售玉溪布，故又名玉溪街；由打带巷至顺城街一段，主要是药材铺、土杂货店；金马坊至云津街一带专门经营两广及洋杂货，为两广商人集中地，又名广聚街；羊市街集中了糖行等。如此分工集中，说明商业贸易已有了相当的发展。

城内外街道路面多为条石镶砌，两边修筑毛石水沟，人行道宽窄不一，多为三合土面层。巷道则铺垫碎石，或仍是泥土路。但居民门户未编门牌号，找人比较困难。

（一）山水绕城　八景成趣

清代昆明仍是座水城，城市依山畔水，城内，五华高踞，螺峰绵延，六河纵横，湖泊相邻，小桥流水，鸟语花香。城外，四围香稻，河湖相连，山水田园，形成自然与人工相映成趣的昆明“八景”。

其一是“滇池夜月”：

揽尽昆池胜，登临壮大观。
楼台秋瑟瑟，烟水夜漫漫。
山转帆千片，波灯月一丸。
凭栏思汉武，豪饮酒杯宽。

其二是“云津夜市”：

云津桥上望，灯火万千家。
问夜人沽酒，寻店客系槎。

城遥更漏尽，丹圆市声哗。

破晓阑游兴，疏钟传太华。

（云津桥即今德胜桥。）

其三是“螺峰叠翠”：

好山负城郭，螺髻拥千重。

青霭松崖合，绿云芝径封。

鹤来寻大隐，蝶走幐仙踪。

凉翠侵依袂，登高一倚筇。

（螺峰即今圆通山。）

其四是“商山樵唱”：

担荷月黄昏，商山古寺门。

唱残樵父曲，惊起玉人魂。

旧路回头认，新腔信口翻。

莫嗤嘲哳调，渔笛又孤村。

（商山在今云南民族大学莲花校区一带。）

其五是“龙泉古梅”：

阅世一千载，开花三两枝。

山空孤鹤泪，潭古老龙痴。

黑水欣留记，唐贤惜少诗。

漫谈天宝事，玉笛且横吹。

（龙泉即今黑龙潭。）

其六是“官渡渔灯”：

朝泛昆池艇，夜归官渡村。
鱼穿杨柳叶，灯隐荻花根。
浦远星沈影，江空月吐痕。
闲邀邻父饮，篝火醉清樽。

其七是“坝桥烟柳”：

古道坝桥柳，阴深过往多。
烟萦增妩媚，风动舞婆娑。
碧乱离人意，丝牵游子哦。
眉愁心有愧，为听唱骊歌。
（坝桥当时在滇池边）。

其八是“同日蛍山倒影”：

滇池五百里，北靠蛍山边。
日丽壁沉水，岚浮镜里天。
只须风雨静，曾见碧瑶鲜。
成趣辉相映，图画无比妍。
（蛍山即今蛇山）。

此外还有“五华鹰绕”“金碧交辉”“云津竞渡”“鱼吞蜃楼”“双塔倒影”“翠堤春晓”等。

清代前期昆明城市的扩大，街道、店铺的增多，商业的繁盛，风景游览区的开发，使得省城昆明经济实力增强，加大了辐射全省的力度。

（二）髯翁长联 纵横古今

大观楼位于昆明城西南2公里的滇池岸边，是昆明市的主要风景区之一。500年前，这里还是一片荒丘。明代，世袭镇守云南的沐国公常在滇池练习水师，并在此地建有苑圃“水云乡莲池”。因与西山太华山隔水相对，故又名近华浦。清康熙二十一年（1682），湖北和尚乾印来此讲经，用化缘款修建了一座观音寺，游人增多，成为名胜。康熙二十九年（1690），巡抚王继文看中这里的湖光山色，命人修建楼台亭阁，挖凿池沼，添筑外堤，遍种名花垂柳。其中，最壮观的是一座二层方楼（后加盖为三层），登楼四顾，碧波浩荡，视野开阔，故取名大观楼。

此大观楼建成后，四周秀逸多姿的景色，吸引了文人雅士选胜登临，题刻对联不少，其中最有名的是乾隆年间邑人孙髯所写的脍炙人口的180字长联。孙髯（?—1775），字髯翁，号颐庵，原籍陕西三原，其父到滇任武职，遂流寓昆明。从幼年起孙髯翁即以诗、文著名，终身不应科举考试，以寒士自居。孙髯翁的长联，原由昆明名士陆树堂以行草书写悬挂，咸丰七年（1857）大观楼与长联同毁于兵燹。同治五年（1866），署云南提都马如龙出资重修了大观楼，但长联没有了，马如龙写了“曾经沧海难为水，欲上高楼且泊舟”一联挂在了近华浦门楼上；光绪十四年（1888），云贵总督岑毓英请云南著名学者、诗人赵藩将长联重新楷书挂于楼前，即现在的木制长联。蓝底金字，清丽醒目，书法浑厚苍润，端庄稳重。

上联是：

五百里滇池，奔来眼底。披襟岸帻，喜茫茫空阔无边。看东骧神骏，西翥灵仪，北走蜿蜒，南翔缟素。高人韵士，何妨选胜登临。趁蟹屿螺洲，梳裹就风鬟雾鬓；更苹天苇地，点缀些翠羽丹霞。莫孤负：四围香稻，万顷晴沙，九夏芙蓉，三春杨柳。

下联是：

数千年往事，注到心头。把酒凌虚，叹滚滚英雄谁在？想汉习楼船，唐标铁柱，宋挥玉斧，元跨革囊。伟烈丰功，费尽移山心力。尽珠帘画栋，卷不及暮雨朝云；便断碣残碑，都付与苍烟落照。只赢得：几杵疏钟，半江渔火，两行秋雁，一枕清霜。

长联上联写的是大观楼的四周景色，下联写的是云南历史，写景寓情，情景交融，浑然一体。联语对仗工整严谨，字字珠圆玉润，有声有色。登楼而上，凭栏骋目，长联描绘的景色一一映入眼帘，抒发的情怀萦回脑际。200多年来，孙髯翁长联脍炙人口，深受人民喜爱，被誉为“古今第一长联”“海内长联第一佳者”。河山因长联增色，长联也因深受云南人民的喜爱而愈益生辉。

长联与大观楼已经不可分割地联系在一起，大观楼也因之与岳阳楼等文化名楼并称为天下名楼。1983年，云南省人民政府公布大观楼为省级重点文物保护单位。

（三）西山龙门　筇竹罗汉

昆明主城在滇池坝子的西北边，滇池坝子自然是四面环山，西山在昆明城西，古名碧鸡山，海拔 2400 多米。西山东濒滇池，西迤长坡，总面积 2 万多亩，今为森林公园。山中幽篁碧翠，浓荫垂翳，清涧流泉，玪琮和鸣。树林深处，散布着金碧辉煌的华亭寺、太华寺、三清阁、龙门等建筑。

在西山风景名胜中，以龙门石窟最为著名。石窟位于西山风景区的终端，由凤凰衔书处的旧石室至达天阁（龙门），全长 66.5 米。在绝壁上凿岩穿穴，镂石开窟，上接天风，下临滇池，奇绝险绝。

石窟工程分为三期。第一期旧石室，凿于明代嘉靖年间（1522—1566），窟宽 31.4 米，深 2.72 米，高 2.7 米，内壁有诗刻、功德题记 8 方。窟外顶上沿岩壁浮雕凤凰衔书，取意黄帝“河献图，凤衔书”的故事。

第二期工程由旧石室经普陀胜境凿石穿云，再由螺旋蛇道而达慈云洞。为道士吴来清于清乾隆四十六年（1781）至乾隆六十年（1795）凿成，历时 15 个春秋。慈云洞窟宽 5.22 米，深 3.14 米，高 2.8 米。内有道教石雕送子娘娘、青龙白虎星君等。洞外有石栏月台。

第三期工程先由杨汝兰主持，后由杨际泰负责，自道光二十年（1840）至道光二十九年（1849），九易寒暑，打通慈云洞至达天阁约30米隧道，开龙门，凿石室。石室雕有魁星、文昌、武帝及八仙、龙马等，窟外顶部浮雕南极仙翁。此处海拔2300余米，距滇池水面414米。

龙门石窟是云南省最大的道教石窟，3个洞窟内共有道教神仙22尊，吉禽瑞兽28只，以及众多仙山琼阁、神台香供，全系原岩雕成，工程相当艰巨。1983年，昆明市人民政府公布龙门石窟为市级重点文物保护单位。

龙门达天阁中魁星手执的那支点斗朱笔，不是原生岩石雕成，而是另外配上去的石笔。据传当年滇池之滨有位李姓石匠，受高人指点来到西山。要在万丈绝壁之上凿开一石道，然后再凿一龙门石窟，供奉文魁星，为求后来的有志青年，能得魁星的朱笔点提，一跃龙门。当他年复一年历尽艰辛地完成全部雕凿工作时，却不慎把魁星手执的那支硃笔的笔头凿断了。青年石匠痛感自己的功德不能圆满，为之献身的石雕艺术又遗下一个难以弥补的瑕疵，悔痛难当，就从龙门纵身跳下，留下一曲令人扼腕的悲歌。

与西山相对，城西北有一座山名玉案山，距城区约 10 公里。玉案山上有佛教寺院，名叫筇竹寺，该寺有碑记称始建于南诏，但比较确切的记载是建于元代至元十七年（1280），为禅宗高僧雄辩法师所建，是昆明第一座佛教禅宗寺庙。明、清两代屡遭火灾，现存庙宇是清光绪九年至十六年（1883—1890）重修的，就在这次重修中，产生了五百罗汉的泥塑艺术珍品。

五百罗汉塑像，许多佛寺里都有。但筇竹寺的五百罗汉千姿百态，妙趣横生，其特点是从生活中汲取养料，借人现神，既有宗教色彩，更具生活气息。

筇竹寺五百罗汉的作者黎广修，字德生，四川合川人，民间艺人、雕塑家。少时读过书，通文理，善书画，又是一位对佛学颇有研究的居士。黎广修年轻时曾在以石雕闻名的川东隆昌县的隆昌帮里学习雕塑，参加过川中新都宝光寺罗汉堂的修建，全程参与了五百罗汉造像的形塑工程。其时黎广修 35 岁。宝光寺罗汉堂的修造历时 9 年，工程结束时黎广修已 44 岁。宝光寺罗汉造像的形制和特点黎广修谙熟于胸。1883年，曾在新都宝光寺修行的高僧梦佛和尚应邀到筇竹寺做主持。梦佛发愿要在筇竹寺也造一座罗汉堂供奉五百罗汉，于是他邀黎广修前来主持修造。黎广修入滇时已68岁，其时，他的身体虽不如塑宝光寺罗汉时强壮，但在佛理研究、文化修养、艺术造诣上已是炉火纯青，筇竹寺罗汉造像凝聚了他一生最后的心血，他把对佛性的理解和对人性的领悟都凝结到罗汉造像的创作中。筇竹寺的罗汉造像继承了宝光寺罗汉造像的比例合理，面目生动，各有特征，互不相同的优点，同时进一步在罗汉造像的身形上脱去了故作庄重的木讷拘谨。罗汉们或立或行，或倚或坐，或二三知己切磋，或单人独骑闲游，全都自然天成，令人看去便觉轻松舒坦。更值得一提的是，筇竹寺罗汉在造像的气氛烘托上，强化了个体与群体的相互关系设计，罗汉间安排了互动的场景，使静态的罗汉产生了动态的效果。罗汉堂和大殿内罗汉的造像较之宝光寺更为紧凑，人物间的主次关系、动静搭配、身形互动、光影运用等，都有明确的设计，整个布局更为系统化、人性化、生活化。在脱去罗汉的呆板造型的同时，黎广修和他的弟子们准确把握了罗汉造型中的佛性，他们以自己熟悉的川滇黔地区人群的体形比例，替代了清代乾隆年间就颁行的《造像度量经》的法定尺寸，避免了宝光寺罗汉造像存在的因对人物面部比例和身材比例缺乏真实参照，在题材把握和驾驭上的困难和露怯。筇竹寺罗汉的表情丰富，睿智大度，生动灵性，保证了罗汉造像应有的庄严，也避免了夸张的媚俗，是对宝光寺罗汉造像的艺术的扬弃。筇竹寺五百罗汉历经 7 年才得以完成，是古代中国佛教造像群中不可多得的精品。1965 年，云南省人民政府公布为省级重点文物保护单位。1983 年筇竹寺被国务院定为汉族地区佛教全国重点寺院。2001 年筇竹寺五百罗汉被定为全国重点文物保护单位。

（四）钱沣反贪　担当三绝

钱沣（1740—1795），字东注，号南园，昆明城人。清乾隆进士，授翰林院检讨，国史馆修纂官，工书画，能诗文。

钱南园为官清廉，作官衣裘单寒，母亲病故，都得借钱安葬。他刚正不阿，不畏强暴，一生反贪，名扬天下。

乾隆四十六年（1781），陕甘地区揭发出一件震惊朝野的集团大贪污案，称为甘肃捐监冒赈案，甘肃上下官吏侵贪银竟达数百万两之巨，处斩官员56人，充军46人。但是，事情并未彻底查清，案件却结了尾。正在此时，钱南园出任御史，经过调查研究，揭发了著名学术权威、陕西巡抚兼署陕甘总督毕沅收受贿赂款达数十万两。跟着，他又揭发了山东巡抚国泰藉征收贡品敲诈勒索，也达数十万两。这两个案件的揭发和处理，再度震动朝野。

钱南园不计安危，经过长期调查研究，把反贪的矛头直指权倾一时的军机大臣和珅。

和珅，字致斋，钮祜禄氏，满洲正红旗人。乾隆四十二年（1776），和珅为军机大臣，不久又升任尚书，授文华殿大学士兼翰林院掌院学士，权倾朝野，势焰熏天，朝廷内外大臣无不奔走其门。和珅坐镇北京，利用职权，收受贿赂，数额之大，令人震惊。和珅前后聚敛的财产，如金银碗碟、面盆，金银玉唾壶，金银珠宝首饰，金银元宝，赤金、沙金、洋钱、制钱，皮衣等不计其数，拥有75座当铺、42座银号、13座珠宝古玩铺、玉器库、绸缎库、洋货库、皮张库、玻璃器皿库，以及田地 8000 余顷等。

钱南园经过周密察访，掌握了大量证据，准备好一份检举揭发和珅的奏疏，有数千言，列举罪证 20 余款。然而就在乾隆六十年（1795）秋，钱南园却突然病逝。未竟全功，颇为遗憾。有人怀疑是和珅酒中下毒药，毒死钱南园，不过证据不足。

钱南园死后，云南家乡人民对他的清正廉洁刚直不阿的精神十分崇敬，昆明人更将其迎入乡贤祠祭祀，并在太和街(今北京路中段)立“钱南园故里”碑以为纪念。

担当（1593—1673），原姓唐，名泰，字大来，“担当”是他出家后取的法名，昆明晋宁人。担当从小学诗，13 岁名列贡生第一，后随父到南京，以工诗赋而名噪一时。他曾遨游大江南北，得拜著名书画家董其昌为师,并向文学家陈继儒求教。经过不懈努力，终成诗书画三绝的艺术家。

1638 年徐霞客入滇考察，曾专门赴晋宁拜访已是 45 岁的担当，记叙担当的情况“今大来虽未发解，而诗翰为滇南一人。”担当却自言“老身自有梅花骨，不肯将身伴牡丹。”他的诗苍劲豪放，深入浅出，充满忧国忧民之情。担当的书法以狂草著称，有骨力，有气魄，奔放豪迈，气势磅礴，变化多而法度具备。担当的画，以善画泼墨山水著称，兼及人物，诗画合一。他在画松梅山水中画人，在咏物中咏人，画人的爱憎喜怒，吟国家民族的兴亡，所以他的诗画总是那么感动人心。

担当生长在明末清初，正是民族矛盾尖锐，国势极度衰微，社会剧烈动荡之际。他游历大江南北，亲眼看到明末社会溃败，国已不国的颓像。看到大江南北哀鸿遍野，民不聊生的种种惨状，农民被迫成为流民，遍地烽火，处处暴戾。他身处天下已乱之际，拒绝出仕为人殉葬，也是理所当然。他38岁到浙江会稽显圣寺出家当和尚。但他又不能置国家民族兴亡于度外，出世又入世，回到晋宁家居时，为达到抗清的目的竟然参与土司沙定洲策划的武力夺取昆明，撵走沐氏的政变。吴三桂率清军入滇后，他更以不合作的态度再次出家去滇西鸡足山为僧。他身在佛寺，心在故国，寄希望于李定国能帮助明朝重起。在得知永历帝西走缅甸消息后，又云游下山去寻找永历帝，到达腾冲时，因局面混乱，难以继续前进，只得返回鸡足山。后老死于大理感通寺，终年 80 岁。去世之日，晨起端坐与众人相辞，书偈曰："天也破，地也破，认着担当便错过，舌头已断谁敢坐。"寂然而化，葬于大理点苍山。

今筇竹寺梵香阁，还挂着担当题写的一副楹联："托钵归来，不为钟鸣鼓响；结斋便去，也知炭尽盐无。"虽然年代久远，有失笔力，且又是草书，不易辨认，但是担当书法的风格仍然保留了下来，值得一赏。

（五）国门洞开　边疆濒危

1840 年的中英鸦片战争，打开了中国的大门，从此列强纷纷进入中国。

鸦片战争虽然一开始对地处祖国西南边陲的云南社会影响相对较小，但影响仍然是存在的，而且与日俱增。首先，由于鸦片输入激增，中国每年要大量流出白银，造成银贵钱贱。明清两朝中国确定通用货币是银子和制钱（方孔的铜钱），原规定每两银子换制钱一千文，但后来由于白银外流导致银贵钱贱，一两银子可换一千六七百文制钱。但朝廷规定，租赋税都以银两计，银贵钱贱的后果是实征的税赋大大高于从前，直接将负担转嫁到民众身上，在摊丁入亩的税制下，农民种地入不敷出，只好丢荒，土地的兼并也加剧了。其次，由于鸦片战争的失败，鸦片吸食者增加，鸦片种植面积扩大，鸦片成了严重的社会问题。再次，战争的赔款分担在各省人民头上，全部得由人民负担，而洋货进口的增加，则打击了正在兴起的民族商业，摧毁城市手工业和农村家庭副业。这些对云南社会都产生了日益明显的影响。

中国门户洞开的同时，中国的邻邦朝鲜、越南、缅甸等相继沦为外国列强的殖民地，中国边疆出现了严重的危机。云南与法国的殖民地越南、英国的殖民地缅甸接壤，直接受到严重的威胁。其时，英、法列强入侵缅甸、越南的一个重要目的，就是要打开进入云南的通道，以便扩大在中国的势力范围，进而从云南打开进入中国的“后门”。英国在 19 世纪中叶入侵缅甸以后，就计划开辟印度、缅甸到云南的交通通道，计划把铁路由印度、缅甸经云南修到重庆、武汉，以便深入我国西南地区和长江流域一带。为此，英国多次派遣调查队、武装探测队等入侵云南，制造事端。法国入侵越南以后，将老挝、柬埔寨也纳入其法属印度支那的版图，并积极策划进一步侵入云南。英、法两国探测队之类的活动，络绎不绝。于是，马嘉理事件、黑旗军事件、掠夺路权、矿权以及片马事件等等，就一个接一个地发生了。19世纪后半叶，云南成了英、法列强争竞相夺的势力范围。在这种形势下，昆明作为云南的首府，不能不面临一系列新的问题。

（六）义军兴起　烽火昆明

1851年1月，洪秀全在广西桂平县金田村起义，太平天国运动爆发。2年后，太平天国建都天京（今江苏南京），农民革命的风暴席卷了大半个中国，形成了以太平天国运动为中心的近代中国第一次革命高潮。而与此同时，由于银、铜、锡价的高涨，云南开矿采矿形成高潮，各地矿产纠纷不断，造成一些以争夺矿产为目的的新型地方豪强。这些地方恶势力或与官府相勾结，或相互呼应共同打劫欺凌百姓，云南境内因矿而起的地方冲突、民族冲突集中爆发。云南地方政府在处置各地矿产纠纷、民族冲突中采取了偏袒和激化矛盾的措施，冲突很快发展为民变和遍及滇南、滇西的以回族为主的反清大起义。

1856 年秋，杜文秀在蒙化（今巍山）发动反清起义，云南进入了长达 18 年（此前 2 年云南各地各民族的起义已成燎原之势）的烽火岁月，省会昆明城多次陷入重围。

杜文秀（1828—1872），字云焕，回族，云南保山人，因不忿于官府对回族民众的欺压和枉法滥杀，率众起义，并进军大理，建立了大理政权，自任“总统兵马大元帅”。自 1856—1866 年的 10 年间，杜文秀率军先后 6 次粉碎了清王朝对大理政权的大规模进攻，并先后攻克滇西大片地区，控制了 53 个县。

同治六年（1867），杜文秀派出“十八大司”（将军）率领 20 万人，以压倒优势向东进攻滇中地区，从西、北、南三面兵临昆明城下，形成对昆明的包围，持续 2 年之久。而在这之前，马凌汉、马荣等部也曾包围或进入昆明。其中，在同治二年（1863），马荣率 5000 人进入昆明，举行“灯宵”（正月十五日）起义，占领了五华书院，杀了云贵总督潘铎，但起义 15 天后失败。

杜文秀军进军昆明，提出了“锄满、拊汉、除奸”

的政治纲领，以及“善良者抚，顽梗不服者杀；首恶元凶，严加惩办”的区别对待政策，制定了义军“毋掳掠，毋贪财，毋凌妇女”的三项纪律。并积极与太平军联系，争取太平天国在军事上、政治上的支持。

到1869年2月，起义军已进入昆明坝区，先后攻克昆明附近的县城富民、安宁、易门、昆阳、新兴、晋宁、呈贡等重要集镇和关口，城中的清军回族将领纷纷密谋倒戈。

清廷内部及地方官吏十分恐慌，继任云贵总督张凯嵩，迫于起义军的声势不敢赴滇就任，清廷只得将其革职，另任命刘岳昭为云贵总督，布政使岑毓英为云南巡抚。岑毓英领兵进入昆明，与起义军对峙。

刘岳昭率部从贵州来援，却在寻甸遭到起义军的痛击，受到清廷革职留任处分。

但是这时起义军在战略上出现错误，没有集中主力迅速消灭岑毓英的主力，而把自己的力量消耗在截断敌人东面的粮道上，给岑毓英造成各个击破的机会；由于战事旷日持久，起义军内部一些不坚定分子如李芳园、段成功等受了岑毓英欺骗，以至全局瓦解。到1870年底，清军转入反攻，起义军围城战役完全失败。

起义军在战斗中仍然表现出了可歌可泣的英雄气概。清朝官吏张涛在《滇乱纪略》中写道，在一座叫“五花寺”的“后炮台”里，清军攻到了炮台楼下，但起义军在和外面断绝了一切联系和供应的情况下，仍坚持战斗两天两夜，最后弹尽粮绝，寡不敌众，全部壮烈牺牲。因此，张涛评价这些起义军战士英勇顽强的斗争精神“自古罕有的”。

大理政权围攻昆明的东征战役，经历了1年零10个月，最后以失败告终，这就严重地削弱了大理政权的军事实力。此后，大理政权被迫从战略进攻转入了战略防御，退守大理。到1872年底，大理城终于被清军攻破，杜文秀自杀，起义完全失败。

战后的昆明城，由于长年战争的影响，城外的平民百姓纷纷避入城内，从而逐渐改变了昆明城内“官多民少”的人口结构。战后的恢复重建也使更多周边人口迁入了城市。有些历史学家认为，发生在云南的这场跨咸丰、同治两代的旷日持久的战争，与太平天国战争一道，给了清政府予沉重的打击，使所谓“咸同中兴”的基础化为泡沫，让清廷彻底丧失了中兴的机会。战争给云南人民带来了极为深重的苦难，战前云南人口约1400万，战后仅存600余万。

（七）危机导向　变革图新

19世纪70年代，英、法通过一系列不平等条约，取得了在云南开放通商口岸，在通商口岸租地建房，设立领事馆，降低征收进出口货物关税，以及开矿筑路等特权。作为全省政治、经济、文化中心的省会昆明，成为外国资本和商品的主要输入地。西方工业文明的影响和渗透，对近代昆明城市的发展产生了很大的影响，使昆明经济社会开始向近代化转型。

首先，外国商品和资本凭借工业革命带来的价廉物美的优势，大量输入昆明，极大地冲击了昆明以农业、手工业为基础的传统商品市场，使不少传统手工业失去竞争力而衰落。而在传统手工业和商业贸易衰落的同时，某些行业在洋货的刺激下却得到了发展，如清末的碾米业、面粉业、火柴业、手工纺织业的发展都出现了一个小高潮。

再次，列强对昆明的输出主要是商品，各国商人在昆开设洋行经营商品，使昆明成为对外国商品依赖很大的消费城市和洋货向川、桂、广转运的集散中心。为适应与洋人开展贸易的需求，昆明的海关、邮政、电信、交通、保险等部门和业务都由英、法所控制，国际汇兑使现代金融业也进入昆明，从而影响了昆明的经济命脉，引导着昆明城市经济的发展。

19世纪后半期，在全国兴办洋务的大气候下，昆明的采矿、玻璃、制币、火柴、鞋帽、制革、卷烟、食品、机具、公用事业等部门和行业亦相继产生。

光绪十年（1884）云贵总督出资在昆明开办了云南机器局，这是云南第一家近代工业企业，属官办性质，主要生产大炮、铜帽、子弹等。但由于工厂的烟囱不得高于总督衙门的屋顶，化铁炉的炉温低，铸出的炮管杂质多、砂眼多，易炸膛，兵勇们多不敢用。到辛亥（1911）前，已有了10家以上的近代企业，属于工业的有官办的机器局、造币厂、陆军制革厂、官印局、劝工局。民办商办的有耀龙电灯公司等8家。耀龙电灯公司于1910年成立，该公司兴建的石龙坝水电站，是我国最早的水力发电站。石龙坝水电站原是为滇越铁路昆明火车总站配电而建。电站是以滇池为天然蓄水池，利用滇池出水口石龙坝段的 30 多米落差，建成的引水式电站。电站最初装有两台 240 千瓦的德国西门子公司的水轮发电机，后经不断扩建改造，到 1949 年装机容量达到 2920 千瓦。电站的建成使昆明的发展站在了世界动力革命的潮头。

清末出现的近代工业，从军事、采矿、冶炼等重工业部门开始，迅速向民用工业发展，其开办形式也由官办、官督商办、官商合办发展到商办。一部分商业资本转化为产业资本。在近代工业兴起的同时，近代意义的企业出现，股份公司成为筹集资本发展产业资本的普遍形式，合伙投资成为城市创业者的新选 择，与此同时，现代企业创造了大量就业机会，大批工人也开始产生。

与近代工业，特别是商办近代工业的兴起相联系，昆明的商品贸易市场也有了发展，商业行帮数量有了增加。据光绪三十二年（1907）的统计，昆明有商业行帮 57 个，其中百户以上的行帮有 30 个左右。各行业经营的货物，除本地土特产外，还有北京、四川、安徽、两广乃至外国的各种洋货，随着昆明自辟为商埠，洋行在昆明也出现了、有法国、英国、日本和希腊的等。

1906 年，昆明商界由政府倡导成立了云南商务总会，表明昆明商业贸易活动达到了一个新的水平。随着工商业的发展，本土的近代金融业开始产生。同治十一年（1872），云南弥勒人王炽在昆明创办“同庆丰”，省外业务以“天顺祥”为分号，经营汇兑和存放款项。稍后，玉溪人马勋臣在昆明设“兴顺和”，除经营银、锡、茶、山货外，兼营汇兑。“云丰祥”、“茂延记”等商号亦经营汇兑，在今文明街一带聚集了各式各样的钱庄、银柜、典当行，形成了金融街。宣统元年（1909），昆明出现了最早的国有银行——大清银行云南分行，有资金 100 万元，在云南发行大清地钞、银两票和银元票等。

清末，由于政务、军务和商业发展的需要，云南近代邮电、交通事业也有快速发展。光绪十二年（1886），昆明至蒙自的电报开通，昆明有了第一条电报线。此后逐步形成以昆明为中心的滇东、滇南、滇西 3 条干线，并与邻省四川、贵州、广西电报线路相接，还沟通了与越南、缅甸的国际电报线路。光绪二十年（1896）于蒙自设立邮电总局，后迁至昆明。光绪三十二年(1906)，昆明出现市区电话。宣统二年（1910），安装电话的已超过100户。

随着经济的发展，昆明城市基础设施也得到了改善和发展。清代在明代修筑的府、县城的基础上，对昆明城垣曾修理过23次，富民县城修过9次，晋宁县城修过12次，安宁县城修过6次，呈贡、昆阳县城亦先后修过3次。对昆明城内的街道亦多次修建。城郊大小桥梁达70座，比明代多10多座。据不完全统计，城内外大小街道达150余条，大小巷道400余条，此外还对传统的内河水道、港口码头进行了疏浚和修整。

商业化活跃了城市经济，增加了城市活力。在近日楼、金碧路、大小东门、大小西门都有繁盛的市场，而以近日楼、金碧路为最盛；至于正义路（当时叫南正街），则是光绪后期才繁华起来的。初建于明代的金马、碧鸡、忠爱坊等，清代曾3次重修。此外除衙署、寺庙道观外，昆明又出现了许多会馆，其中多数为行帮富商所建，如福建、陕西、两湖、四川、江南、浙江、两广、湖北麻城，省内的迤西、建水等会馆；也有一些是某一行业所建，如槟榔茶叶商人建的“芦茶会馆”等。

六、开　埠

（一）自辟商埠　开放求生

鸦片战争以“五口通商”的被动开埠，换来了世界资本主义国家对中国的市场瓜分，也使开埠城市及周边地区发生了深刻的变化，城市经济随着开埠与世界市场有了对接，各种经济要素随着贸易往来进入开埠地区，一时成为晚清中国经济的亮点。而近代昆明开关、自辟为商埠则是1905年的事情。

近代海关的出现，是一个国家对外贸易发展的标志，也是一个国家与外部世界打交道的重要窗口。

云南自古就有沟通东西方世界的对外贸易的历史，记入史书的也有2000多年。进入近代以后，云南对外贸易规模扩大，开关成为历史发展的必然要求。但是清政府对各地的开关一直抱持高度警惕，并无自动开关的意识。因此云南的开关就伴随着一个被动的过程，是英、法入侵云南，强制入关的直接结果。

自 1875 年“马嘉理事件”（英国入侵云南的事件）后，1876 年 9 月英国强迫清政府签订了《中英烟台条约》；1884 年中法战争后，法国强迫清政府签订了《中法天津条约》。英、法为了实施这两个不平等条约，对中国进行经济侵略，强迫清政府在云南地区开放通商口岸，并设立海关。

于是 1889 年 8 月，依据 1887 年 6 月中法《续议商务条款》云南蒙自开关。1897 年 1 月，依据 1895 年 6 月中法《续议商务专条附章》思茅（今普洱）开关。1902 年 5 月，依据 1897 年中英《续议缅甸条约附款》腾越（今腾冲）开关。

上述蒙自、思茅、腾越等地的开关，是基于履行中英、中法有关条约而被迫开关的，称为“约开商埠”。此外还开放了若干分关和分卡。有关云南“约开商埠”的条约章程规定，在开关的同时，各关所在地都要派驻法国或英国的领事，在各分关派驻领事馆的人员，以参与中国海关人员管理海关行政为名，实际掌握着海关行政管理大权。

1905年，昆明地方绅士陈荣昌、罗瑞图、王鸿图、解秉和等出于发展本地商业，繁荣地方经济的愿望，向昆明地方政府禀报，经云贵总督丁振铎奏请清政府批准，将昆明辟为开放商埠。同年5月，设昆明关作为蒙自海关的分关。于是，昆明成为没有外国强制而自行开放的商埠，称为“自辟商埠”，以区别于“约开商埠”。

宣统二年(1910)，云贵总督李经羲拟订《省域商埠总章》八条上报清政府。总章包括开埠性质、界址、职权、税捐等事项。当时商埠界址，以现在得胜桥、塘子巷一带为中心，东边到状元楼外，西边到三节桥，南至双龙桥，北到桃园街口，周围约6公里。这个范围内，允许各国商人在商埠界内租地居住。

商埠管理机构，初名商埠清查局，设在东门外，到1910年后改设商埠总局，管理商埠有关事务。除拟订《商埠总章》外，尚有《办事权限专章》十六条。这就是说，“自开商埠”较之“约开商埠”，中国政府始终掌握着治权和主动权。

在昆明辟为商埠以前，法、英两国领事已分别于1899年和1902年移驻昆明，此后未经清政府批准即在昆明设立了法、英领事馆，云贵总督丁振铎还因此受到朝廷的申斥。昆明自辟商埠以后，法人曾要求扩展商埠范围，“展界租屋”，但未能得逞。

1. 教案风波　保矿维权

英、法对云南的侵略是不断深入、得寸进尺的。1895 年，法国政府与清政府签订了《续议商务专条附章》，1897 年和 1898 年，法国政府又通过照会形式，肯定和完备了《续议商务专条附章》的条文，把云南、广东、广西划为自己的“势力范围”，并获得了从越南至中国境内修筑铁路和在云南、广东、广西三省开矿的特权。英国也不甘落后，在 1896 年与法国协商了在中国四川、云南的权益，双方共同享受这些权益。这样，英、法两国政府就掠夺了在我国西南、华南地区修建铁路、开采矿产的权利。

光绪二十五年 (1899)，法国驻越南总督杜梅电召法国驻云南领事方苏雅，策划对云南实行军事渗透，决定先由方苏雅携带武器弹药 40 余驮，士兵 100 多人，秘密潜入云南。这批武器弹药路过蒙自时，被蒙自海关发觉，便向云贵总督做了详细报告，消息自然传了出去。

光绪二十六年 (1900)4 月，这批武器弹药运抵昆明，被南关厘金局查出，扣存在局内。法国驻昆领事方苏雅竟然亲自带领数十人闯入厘金局，拿出手枪威胁，将武器弹药抢走，藏于领事馆内。

这件事引起了昆明人民的强烈不满。5 月 14 日，昆明民众群集卖线街升平坡法领事馆抗议，领事馆闭门不理，民众向领事馆投掷石块，领事馆公然开枪，伤数人。民众愤怒之下捣毁领事馆旁边的法国工程师住宅。当晚，法国领事馆把武器弹药移至平政街天主教堂地窖内存储。次日，民众获悉，遂有近万人包围了教堂。愤怒的民众纵火焚毁了附近传教士的住宅。昆明郊区狗饭田的若瑟堂、小东门外的修道院亦遭焚毁。这就是反对法国入侵的“昆明教案”。

昆明教案发生后，法国在滇越边境地区高筑炮台，调遣兵力，运送武器，鸣放枪炮，举行示威性军事演习，扬言要向云南发动进攻。清王朝在法国的恫吓下，一再妥协。于是，英、法政府就联合提出在我国云南境内开矿的要求。清朝直隶总督兼北洋大臣李鸿章答应向法国赔款 12 万两白银，允许英、法在云南7个地区开采矿产。

英、法遂联合组织隆兴公司，准备开矿。1902年6月，英、法草拟的《云南隆兴公司承办七属矿务章程》（后文为《矿务章程》）得到了清政府的批准。这个《矿务章程》开列的允许英、法隆兴公司开矿的7个地区是：云南府（即昆明及其附近地区）、澄江府（今澄江、玉溪、江川、石林地区）、临安府（今建水、个旧、蒙自、开远、通海、石屏、红河、元阳、金平地区）、开化府（今文山、西畴、马关、麻栗坡地区）、楚雄府、元江直隶州（今元江、新平、江城地区）、永北厅（今永胜、宁蒗、华坪地区）。这7个地区计五府、一州、一厅，当时统称为七府矿产区。这七府地区不仅包括了当时闻名的个旧锡矿、易门铜矿和米里铜矿，而且《矿务章程》还规定，如某处无矿可开，则可以选择其他地区“互抵”。这就在事实上允许英、法可以在云南全省任何地区开矿。开采的项目几乎包括了当时已知的全部矿产。开采时间先允许60年，后又延长25年。

这份强加在中国头上的《矿务章程》签订后立即遭到了云南各界人士的反对，掀起了大规模的废约斗争，参加收回权利运动的不仅有民族资产阶级的上层以及开明士绅等，还有工人、农民、市民、学生，他们组成了“云南死绝会”，呼吁各界采取强硬手段收回权利，并组织“保矿会”。1910 年 6 月 4 日和 11 日，昆明群众举行抗议集会和示威游行，云南陆军小学堂学员赵永昌、杨越二人在示威中，拔刀断指和引刀割臂，写血书，表决心，誓死要求废约。绅商们还组织了“矿务研究会”、“矿务调查会”，主张“开矿救滇”，自办矿产。云南各界还推举代表赴京请愿。

在这种情况下，迫于民众的强大压力，清政府和英、法侵略者都深感恐慌，不得不改变策略，于是英、法主动提出废约，但需补偿白银600万两。经过多次谈判，1911 年 8 月，《矿务章程》作废。由清政府赔款 150 万两白银，赔款分 6 期支付，首批月内交清，其余半年为期，由清朝中央政府度支部垫给，云南分 10 年归还。

2. 军事变革　讲武育英

清代末年，民族危机和阶级矛盾都十分尖锐。

清王朝在中日甲午战争以后，决定变革军制，效仿西方建立新式陆军。当时，清政府计划在将全国编练新式陆军（简称“新军”）36个镇（相当于师）。清政府发布诏令“各省应于省垣设立讲武堂一处，为现带兵者研究武学之所”。地处边陲的云南因面对现实的边疆危机，得以优先计划建立新式陆军两个镇。到1909年2月，云南陆军先编成一个镇，被授予第19镇的番号，兵员总计10900人。与此同时，全省巡防队也改为营制，共62个营，第19镇与巡防队官兵共35000人。

新军的编练首先要有新式军官。而在新军编练过程中，新军军官在数量和质量两方面都满足不了需要。因此，为适应新军编练的需要，开办陆军学堂，以培养军事人才，势在必行。早在1904年，北京练兵处就把举办陆军教育分为三类，即正规教育、速成教育、补习教育。补习教育就是兴办讲武堂，以轮训在职军官为主。

云南陆军讲武堂初办于1907年9月，总办（校长）由云南陆军小学堂总办胡景伊兼任，次年2月开学，才办了7个月就停止了，主要是因为缺乏师资。1908年经护理云贵总督兼云南藩台沈秉经向朝廷奏准，正式筹建云南陆军讲武堂。一年以后，到1909年9月28日（农历八月十五），重办的云南陆军讲武堂正式开学，首任总办为高尔登。新办的讲武堂校址设在昆明翠湖边原明代黔宁王沐英的练兵处，总面积约7万平方米。云南陆军讲武堂是一所以轮训新军及巡防营在职军官为主，又招考中学以上学校学生培养下级军官的新式军事学校，在清末各省举办的同类型军事学堂中规模较大，成绩也最为突出。

1909年云南陆军讲武堂重办之际，正值留学日本陆军士官学校的第六期中国学生毕业回国，云南当局便聘请任命了大批回国留日学生为云南陆军讲武堂的负责人和教官。

在这批人中，孙中山领导的同盟会会员占有相当大的比例。如始任讲武堂监督，继任总办，兼步兵科教官的李根源；教官李烈钧、方声涛、赵康时、沈汪度、唐继尧、张开儒、庾恩旸、顾品珍、刘祖武、李鸿祥、李伯庚、罗佩金、林振雄、王柏龄等都是同盟会会员。

云南陆军讲武堂不仅规模较大，班次较多，学制较长，课程设置完善，训练要求严格，更重要的是，讲武堂几乎从重建之日起，大权就掌握在革命党人手中。现已知辛亥革命前担任云南陆军讲武堂教官和教职员的47人中，同盟会会员占了17人，革命派分子11人，倾向革命者8人，政治态度不明朗者11人，没有发现明显的反动分子。讲武堂的总办、监督、提调三个最重要职务都由同盟会会员担任；各班班主任、各兵科科长、主要教官、执事官等也都是同盟会会员或革命派分子。入堂学习的学员，也有同盟会会员，同盟会组织在讲武堂中也十分活跃，朱德就是在讲武堂学习期间加入同盟会的。因此，云南陆军讲武堂成了培养革命军人的摇篮，孕育民主战士的新式军事学校，并成为云南以至全国的民主革命的重要策源地，被朱德誉为“革命的熔炉”，为近代中国的民主革命和中华民族的伟大复兴，做出了重要贡献。

3. 朱德模范　剑英拔萃

1909年11月，朱德考入云南陆军讲武堂就读，其时正是同盟会会员李根源任讲武堂总办之时。李根源，云南腾冲人，日本士官学校毕业，是一位有作为的激进民主主义者。他主办讲武堂时，吸收了日本士官学校的办学经验，着手改革讲武堂的教育体制。教官大多数是日本士官学校的毕业生，大都愿为复兴中华、创立民国而奋斗。

朱德被录取在丙班步兵科学习，在校期间他按照“坚忍刻苦”的校训要求自己。那时讲武学管理异常严格。由于找到了自己的归宿，朱德内心充满喜悦。他曾说：“我的志愿老想做个军人，而这个讲武堂，在当时是中国最进步，最新式的了。它招收学生很严格，我竟被录取，非常高兴”。他把学习和训练看作是实现救国目标的必要条件，以饱满的热情、刻苦的精神，专心致志地学习。

朱德在训练中勇敢坚毅，刻苦好学，所做的每个动作都准确、敏捷，如过天桥、跳木马、翻铁杠等。受到师生好评。操练中，有时教官指定他指挥队伍、喊口令，他声音洪亮，动作干净利落。凡有外国人来参观讲武堂时，总办李根源就指令朱德和朱培德出来指挥。他俩被称为“模范二朱”。

在资产阶级民主思想的影响下，1909 年冬天，朱德自愿秘密地加入了同盟会。在其组织与领导下，阅读了很多进步书刊，如《云南杂志》《民报》《天讨》《警世钟》《猛回头》《革命军》等。此外，还阅读了有关乔治·华盛顿的书以及意大利、日本有关改革政治的书刊。书刊里的进步内容，开阔了朱德的眼界。他约集了同班的杨如轩、曾钦仲、杨池生、宋永康、唐淮源等，结拜为兄弟，组织成立“五华社”。其宗旨是富国强兵，拯救中华。他与朝夕相处的老师们也结下了情谊，特别是跟李根源、李鸿祥、罗佩金等老师感情甚深。朱德与李根源、李鸿祥的友情持续了半个世纪，被视之为尊师楷模，令人崇敬。朱德对李根源主持讲武堂工作的领导艺术，给予高度评价。1910年7月，因新军急待补充军官，学校决定从丙班生中挑选100名组成特别班。勤学发奋，善于思考，成绩优秀的朱德择优被选入。1911年8月，特别班学员提前毕业，朱德结束了讲武堂的学习生活，开始他人生的伟大历程。朱德1962年来到昆明，当知道讲武堂的遗址受损，当年的建筑被拆了一部分时，严肃地说：“讲武堂还有点用处嘛！还要留点嘛！”如今讲武堂的主楼已保留下来，作为革命传统教育的生动场所。

剑英轶事

叶剑英，原名叶宜伟，广东梅县人。1916年，叶剑英中学毕业后，到马来亚投靠亲友当过小学教员。云南都督唐继尧派特使陈觉民到马来亚宣慰华侨，同时为讲武堂招募学兵。为寻找出路，叶剑英与一批华侨子弟报名投考，被正式录取。1917 年夏天，叶剑英与几位南洋同学取道滇越铁路抵达云南昆明。刚满 20 岁的叶剑英进入讲武学校后，心中充满壮志凌云的豪情。他在给弟弟道英的信中写道：当今天下混乱，乃英雄吐气之时。有胆识、有军事技能者为前驱，有文才、有谋略者为后盾。他决心学得文才武略，将来为国家施展抱负。他特意把自己的名字由“宜伟”改为“剑英”。经过半年极其严格紧张的新生训练，叶剑英转为云南讲武学校第十二期正式学员，第二年被分配到炮科。炮科除了学习共同的军事科目外，还专门学习技术科目，包括战术、筑在、兵器、地形、交通、实弹射击等。叶剑英把整个身心都投入到紧张的学习生活之中，很快崭露头角，其豁达的为人和出众的才华得到炮科科长王柏龄等教师的器重。在讲武学校期间，身为炮科学生的叶剑英也受到骑兵科长林振雄的赏识。林振雄精通马术，练得一手极好的劈刀术。叶剑英对他教授的劈刀术学得很用功，常常利用课余时间请林振雄教练，使自己的刀术很快名列前茅，其间，讲武堂有一位日本教官担任刀术教官，叶剑英向其挑战，竟战胜了这位专职教练，教练即以自己的配刀相赠，以资纪念。1919 年，叶剑英以优异成绩毕业，时任校长的唐继尧邀请他留校任职，前往南洋招募学员，叶剑英再三考虑后，婉言谢绝了唐继尧的好意，并向唐赠送了自己的毕业照以示尊重和留念。

4. 蔡锷仁义　讲武助韩

蔡锷，1882 年 12 月 18 日（清光绪八年十一月初九）生于湖南省宝庆府武冈州山门镇（今洞口县山门镇）一个贫寒农家。幼年在私塾读书。

1898 年考入长沙时务学堂，师从梁启超、谭嗣同，接受了梁启超等人的维新思想。后入上海南洋公学（后更名为“国立交通大学”，即今天“上海交通大学”与“西安交通大学”的前身）。1899 年赴日本，就读于东京大同高等学校、横滨东亚商业学校。1900 年随唐才常回国参加自立军起义。起义失败后改名“锷”，立志“流血救民”。复去日本。先入成城学校，继入陆军士官学校，学习军事，曾参与组织“拒俄义勇队”。

1904 年毕业回国，先后在湖南、广西、云南等省教练新军。

1911 年初调云南，任新军第十九镇第三十七协协统。

蔡锷是于宣统三年（1911 年）二月抵达昆明，这年的农历九月初五日武昌起义，起义成功的消息传到云南后的第三天，蔡锷秘密约集同志刘云峰、刘存厚、唐继尧、韩凤楼、沈汪度、殷承瓛、雷飚、黄永社等计划响应，预定于十二日发动，推蔡锷为总指挥，以新军为骨干。不料事机泄漏，初九日，云南总督李经羲电蔡锷领兵弹压。蔡锷等知道事机迫切，千钧一发，遂约同李根源率讲武堂学生自西北攻城，蔡锷自己率三十七协一部分攻东南门。蔡锷是个有中国传统道德的军人，他深感李经羲对他恩深义厚，不忍迫以炮火，所以在发动攻势的同时，即函请熊范舆火速请李经羲迁赴法国领馆避难。第二天革命军攻占了昆明全城，军政学商各界集会公推蔡锷为“大汉军政府云南都督”，设都督府于昆明城内的五华山，都督府下设军政部、参政部、军务部。起义胜利后的农历九月十六日，蔡锷特派雷飚和彭新民礼送李经羲出滇。李经羲离滇时又嘱彭新民转告蔡锷，一定要警惕英、法对云南的侵略野心，防备他们趁乱扩张在云南的势力。

云南经济落后，财政本就困难，明清以来都要赖外省协饷，云南独立，协饷来源断绝，所以革命政府成立后，第一要务是财政上的节约，蔡锷带头减薪，自定都督月薪60元。都督府全体官兵月饷共3300余元，并设立富滇银行以维持金融。派谢汝冀和李鸿祥率师赴四川，迫川督赵尔丰独立；令罗佩金、庾恩旸率一军南征；令李根源率一军西巡；并派唐继尧进军贵州，由唐继尧接任贵州都督。后为矫正军人干政时弊，蔡锷又自请解除云南都督之职。其高风亮节堪称民国以来第一人。

为朝韩育才。1910年日本吞并韩国，改韩国之名为朝鲜，许多不甘心当亡国奴的韩国爱国者流亡到中国，在孙中山的同盟会中就有不少韩国复国志士。他们当中的一些人在上海成立了“大韩民国临时政府”，领导在华韩人的抗日复国运动。“临时政府”为武力推翻日本统治，积极寻求复国志士进入中国军校的机会，云南陆军讲武堂就接纳了数十名韩国有志青年，为他们提供了全面的军事教育。这批韩国学员军校毕业后，大多参加了中国的革命战争和反抗中韩两国人民的共同敌人——日本侵略者的抗日战争。有些人分别成了大韩民国与朝鲜民主主义人民共和国的开国元勋。

云南陆军讲武堂为韩国培养军事人才一事是由韩国独立运动的著名领袖申圭植和云南军界领导人唐继尧共同主持的。

申圭植，韩国忠清北道清源郡人。1911 年来到中国，加入孙中山领导的同盟会，同年参加了辛亥革命，与南方同盟会系统的军界人物过从甚密。申圭植十分重视为独立战争培养军事人才，辛亥革命后他通过孙中山的推荐将李范奭等 5 名韩国青年送到云南讲武堂深造。这是该军校接受的第一批韩国留学生。当年的云南都督正是唐继尧。韩国临时政府派与唐继尧极友善的朴赞翊驻滇，负责接洽云南军校招收韩国学生的事宜。韩国留学生大多集中在第十六、十七期。由于要回避学校中的日本教官，韩国学生都改为中国籍、中国名。如知名的韩国光复军少将参谋长李范奭、国军空军英雄李英茂“都是朴先生洽送云南讲武堂及航空学校之学生。”

李范奭，号铁骥。曾以李国根为名入讲武堂

攻读。1919 年毕业于该校十二期骑兵科。同期毕业生还有来自南洋的叶剑英。1919 年韩国“三一运动”爆发，李范奭等人未及见习期结束就申请离校回国参战。后到吉林柳河县新兴武官学校任教。1920 年应韩国抗日名将金佐镇邀请，到汪清县北路军政署建立军校。同年与金佐镇共同指挥了韩国独立军歼灭大批日军的青山里大捷。1931 年九一八事变后李范奭积极参加中国抗战，先后任东北抗日义勇军将领苏炳文的秘书、高级参谋，后任黑龙江省主席马占山部的作战科长。1937 年中国国民政府与韩国临时政府合作在中央军官学校洛阳分校培养韩国军事人才。李范奭任韩籍军官大队长。全面抗战爆发后李范奭任中国国民革命军第三路军少将高级参谋、中央训练团中队长。1942 年韩国光复军成立李范奭出任少将参谋长、副参谋长。1945 年 8 月任韩国光复军国内挺进军总司令。8 月 18 日，他带领金俊烨、张俊河等与美国军官飞赴汉城汝矣岛机场洽谈日军受降事宜。受降未果，李范奭及随行人员返回途中来到昆明，专程到唐继尧墓前祭悼后留影返回西安。1948 年 8 月，大韩民国政府正式成立，李范奭为首任国务总理兼国防部长。同年韩国政府向韩国独立运动中有重大功勋的人员颁奖并列名申谢，唐继尧是其中唯一的外国人。

权基玉、李英茂

唐继尧办讲武堂时，十分注意吸收世界先进的军事技术。1921年他委刘沛泉创办云南航空署和航空学校。云南航空学校坐落于昆明城南门外巫家坝，有3名法国教官，其中两位飞行教练均是第一次世界大战期间的法国空军英雄，另一位是机械师。购有两种法国教练机。云南航校学制为2年。新生入学后须到陆军讲武堂接受严格的入伍训练半年。可以说航空学校是讲武堂的延伸，航空学校的学生同时也是讲武堂的学生。第一期学生于1923年入学，其中就有韩国学生4人。他们是权基玉、李英茂、张志日、李春。权基玉是女生，是经唐继尧的特准才进校的。航校学生的淘汰率很高。与权基玉同期的两个中国女同学因飞行教官认为其天资个性不适合学习飞行而中途退学。权基玉则经历了严格的飞行课目训练考试合格，于1925年毕业。见习半年后到北平冯玉祥的航空队服务，次年到南京中央航空队服务。

1945年，权基玉已是空军中校，在中国空军飞行大队服务。韩国恢复独立后，在中国空军服务20年的权基玉回到韩国，协助她的祖国创办空军。因其贡献卓越，被韩国人尊称为“韩国空军祖母”。

李英茂是庆尚北道人，云南航校第一期毕业后亦长期服务于中国空军，抗日战争时期任航空委员会轰炸机训练队队长。曾参与柳州、武汉空战，并曾潜入交战区域，将被中国军队击落的日本天皇号专机修复后，驾回国统区。李英茂参加了金若山领导的朝鲜民族革命党，任中央监察委员会候补监察委员。韩国光复后，李英茂回国参与创建韩国空军，曾任韩国空军副总司令兼参谋长。后驾机逃至朝鲜，不知所终。

现在已知的在云南陆军讲武堂学习过的韩国复国志士，还有金世峻（金子烈）、裴天泽、崔震、李俊植、文逸民和著名音乐家郑律成的二哥郑仁济等50多人，他们大都参加了中国的抗日战争。

（二）城扩市展　人口聚集

清末昆明人口的城市化。城市的一个重要特征，是在特定的地域范围内，人口相对集中，非农业人口占有相当比例。从城市化的总体进程看，城市化分为初期、中期和完成期三个阶段，当一个地区的非农业人口占比 20% 以下时，城市化程度很低，非农业人口达到 20% 以上时城市化开始提速，达到 25%–30% 后即进入快速发展阶段。

清初以来，昆明人口随经济的恢复和发展，数量逐步上升。道光十年（1830），云南府土著民户有 19 万余户，101 万余丁；土著屯户 7 万余户，43 万余丁。但经过 19 世纪中叶的动乱后，人口明显减少。光绪十年（1884），云南府民户仅 7 万余户，25 万余丁，分别下降 2/3 和 3/4。到宣统二年（1910），昆明地区有民户 8.7 万户，42.2 万人，其中城内外居民有 0.9 万户，9.5 万人；而城内户为 6127 户，71614 人，城外户为 3624 户，23621 人。

从职业人员分布表看，清末的昆明已经是一个以商业和消费为主的城市。在全部 42 万户籍人口中，城市居民已达 9.5 万人，这还不算因商业、运输、游学而暂住的流动人口，占人口比例已经接近 25% 的城市化初期阶段的水平。清末昆明人口中，相当数量的人来自省外移民，这是明清以来近代昆明城市人口的一个特点。最多的是四川人，其次是湖南人、广西人，主要从事经商和手工业，他们带来的先进经营理念、生产技术、管理知识等，都有利于昆明手工业的发展。

清代后期，昆明作为全省政治、经济、文化中心的地位日益突出。商品经济迅速发展，人口增多，出现了新的城市管理部门，如警察、卫生、公用事业等机构。光绪二十年（1894），昆明开始引进了现代警察制度，设立警察署，将城市划分4区24段，社会治安由“总查”专门负责，改变了以往只由各“段绅”维持秩序的状况。光绪二十九年（1903），改24段为9区，每区设5—9个派出所。并建立了公共厕所、专用菜市场。

1. 西医立足　滇剧登堂

光绪二十七年（1901），昆明的近代医院出现，法国人在升平坡创办“大法施医院”，后改名“法国医院”，是以西医的治疗方法、治疗技术兴办的医疗机构。医院除诊疗外还招收学员以培养西医人才，传播医疗卫生知识。1911年，天主教会在昆明圣保禄孤儿院也附设有诊所，治疗儿童疾病。

1912年，法国外交部驻云南交涉员公署和滇越铁路总公司在越南总督府的策划下，在昆明市巡津街35号开办甘美医院（今昆明市第一人民医院）。该院对内称法国领事医院，设内、外、眼、耳、鼻、喉、皮肤、花柳、妇产各科，药品和设备都由法国领事馆采购提供，医务人员以法籍和越籍人员为主。医院设有头等、二等和特殊病房，专供法、越和云南地方上层人物使用。甘美医院曾是云南大学医学院的实习医院，其医生也多在医学院担任教授。

惠滇医院（今昆明市儿童医院）。1915 年，英国基督教圣公会指派医生和牧师到昆明开办教堂和医院，在金碧路开设了惠滇医院，后在唐继尧支持下又扩展到书林街至鱼课司街一带。惠滇医院作为教会医院其任职人员都要信奉基督教，对教徒给予免费医疗。该院还开办 4 年制高级护士学校，每年招生 40 名，实行半工半读，每天上 2 小时课，到医院做 6 小时护理工作，其毕业生专业基础扎实，深受昆明各大医院欢迎。

云南军医院。清宣统元年（1909），清廷在云南创办云南陆军讲武堂的同时，也开办了以西医为主的云南陆军医院及军医学校。该院（校）设于圆通山南麓，今连云宾馆一带。辛亥革命后隶属联军司令部军医处。云南大学成立后医院并入医学院，学校仍为云南军医学校。抗战开始后，1939年被改编为军政部国防医学院（校本部在贵州安顺）二分校，又称昆明军医学校。抗战胜利后，1947年分部随校本部迁回上海江湾。抗战期间，昆明军医学校的毕业生大多分配到前线部队和驻滇的国民革命军陆军第十七、十八军医院。

滇剧登堂

滇越铁路开工后，风化渐开，民气维新。随着民风的开化和社会的改良，滇剧、花灯等过去仅在云南社会底层平民中活动的文化艺术形式也开始走进城市舞台。

滇剧起自明末清初的大移民时代，从大西军入滇，到吴三桂入滇，再到平藩兵入滇，都带来大批省外人为主的驻军和官僚移民，他们也将各自家乡的戏剧形式和剧目带进昆明，形成了丝弦源于秦腔，胡琴源于徽调，声腔源于楚调，头子、倒板源于昆腔，而平板、架桥、人参调、安庆调等则与吹腔（又名石牌腔）有渊源的集大成者的滇剧。各外来剧种声腔传入云南后，结合云南的方言语音和风土人情、民间器乐声腔，在云南戏剧舞台上融汇成了滇剧。到光绪年间，滇剧已经具有比较成熟的程式，剧目达2000多种，演出十分兴盛，不仅有了职业戏班，农村中的一些业余滇戏班子也纷纷成立。但滇剧的地位比较低下，不能进戏园子，更无由登堂入室，只能在乡镇庙会的社戏舞台上出现。昆明的滇戏班子，都是在广场搭台演出，即“万人台”，或是“高台戏”，特点是流动性、季节性、专业业余相混合。原在昆明的寺庙，如城隍庙（今市就业服务中心），东岳庙（今昆明机器厂），五显宫（今咸和小学）等，都有露天戏台。随着滇剧逐步兴旺，滇剧艺人也组班组团租场演出，受到城里人的欢迎。1914年，昆明有云华茶园、群舞台、丹桂茶园、天乐茶园、荣华茶园、大观茶园等6家戏园上演滇剧。1921年，“滇剧”这个名称第一次出现在《共和滇报》上。同年，滇剧坤角（女演员）也在昆明舞台上出现，最早见于记载的是张宝钗、月中娥等。嗣后，滇剧爱好者梁星周、叶少庄等人搜集了200多出小戏剧本，印刷经销，使滇剧的流传一时兴盛，成为清末民初昆明文化的一景。

此外，昆明城内还出现电影院、照相馆、剧院、公园、观花阁等。特别是1910年7月，云南耀龙电灯公司所属石龙坝水电站建成后，为昆明提供了电源照明系统，使城市的文化生活大为改观。

（三）辛亥热血　护国当先

1. 革命先锋　百折不挠

杨振鸿（1874—1909），字秋帆，昆明人。1903 年留学日本，加入同盟会。1906 年春回国，沿滇越铁路调查中法军队以及滇越交界各地要隘，为抗法斗争进行准备。回到昆明后，设立云南体操专修学校，杨振鸿出任校长，在学生中宣传革命；组织成立了“公学会”，并设分会于各府、厅、州、县，联络各地反清人士。1906 年底，杨振鸿赴腾越任巡防营管带（营长），秘密与地方人士商议起义，拟于 1907 年夏发动起义，先占腾越，进攻永昌、大理，再进取云南全省。因被人告密，云贵总督下令调杨振鸿到昆明另候差委，暗中派人企图在途中将其杀害。杨振鸿知事已暴露，乃经缅甸逃往日本，继续在振武学校学习。

1908 年 4 月，同盟会领导的河口起义爆发，在日本东京的同盟会员十分兴奋，召开了云南“独立大会”，派杨振鸿携带捐款回国，支援河口起义。

杨振鸿一行到达香港时，河口起义已经失败，于是他决定一部分人仍回东京学习、准备，自己带少数人进入云南西部，以图再举。

杨振鸿途经新加坡向孙中山汇报后，即回到滇西，与滇西同盟会员刀安仁（傣族）等联系，积极活动于当地巡防营，并与同盟会员何畏等商议，决定在 1908 年 12 月 23 日凌晨发动永昌（保山）起义。

12 月 23 日凌晨，起义爆发，杨振鸿率 1000 余滇西各族群众向永昌城发起攻击。由于事机不密，清军早有准备，进攻受挫。杨振鸿不得已下令撤退。清兵紧追不放，杨振鸿心急如焚，加上劳累过度，又染上疟疾，恼恨交加，呕血不止。何畏等背着杨振鸿转移到保山蒲缥何家寨，让他在何兴家中治病。但是，杨振鸿因起义失败，呕血过多，于 1909 年 1 月 2 日去世，享年 35 岁。

杨振鸿在滇西地区艰苦活动，传播了民主革命的种子，促进了滇西和云南民主革命的开展，成为云南为民主革命奋斗牺牲的第一人，所以被称为“云南辛亥第一人”。辛亥革命以后，孙中山以南京临时大总统名义，下令追赠杨振鸿为“佐将军”。

云南都督蔡锷也为其在永昌城外太保山上的墓碑题字，“云南首倡光复杨忠毅公墓”。云南地方政府还曾在金碧公园（今云南省第一人民医院所在地），为杨振鸿铸造了铜像（今已不存），以纪念这位为民主革命献身的先烈。

2. 开启民智　教育领新

清代末年，随着新思潮的兴起，新文化的传播也开始了。在戊戌变法时期，昆明士绅成立了“保滇会”，鼓动人民起来斗争，以挽救祖国的危亡。在以康有为为首的维新派向清政府上书变法的“公车上书”中，云南人在书上签名的有 15 人，其中有案可查的云南府昆明人有 3 位，即白嘉澍、段荣嘉、张锴。

光绪二十五年（1899），昆明出现了第一个近代学校——武备学堂。光绪二十八年（1909），改五华学院为高等学堂，此后师范学校、中学、小学等新式学堂也办了起来，还专门开办了女子学堂。

1909 年创办的云南陆军讲武堂更是赫赫有

名。从 1902 年开始，云南选派留学生出国学习，除大部分到日本留学外，还有去越南、缅甸、比利时等国留学的。在国内，也派人去京师大学堂等学校学习。随着科举制度的废除和新学的产生，清政府废除了国子监和礼部，成立学部。

光绪三十二年（1906），云南设提学使代替提督学政，以管理全省学务，昆明则设立了学务公所，各地则设立劝学所，改私塾为小学。宣统元年（1909），在昆明成立了云南教育总会。到宣统三年（1911），昆明地区新式小学已有 121 所，如加上云南府各县，则达 262 所。图书馆、博物馆、电影院等城市文化设施亦开始创办。教育和文化的革新为新思想、新知识的传播，新人才、新风气的培养打开了通道，为清末民初的革命和启蒙运动奠下了基础。

为适应新知识、新思潮的传播，鼓动革命之舆论，杨振鸿等人在昆明发行云南同盟支部机关刊物《云南杂志》（在日本创办）及同盟会机关报《民报》，宣传反清革命思想。

在学术方面，出现了陈灿主编的《云南通志稿》，唐炯主编的《续云南通志》，戴炯孙私人撰写的《昆明县志》，此外还有《滇云历年传》《滇系》《滇南矿厂图略》《植物名实图考》《铜政便览》《云南地志》等著作。

盛世修史，从一个侧面反映了一个全新的时代已经来临。

3. 奎阁聚才　经科首魁

近代昆明特别值得一提的是，在废除科举后，于光绪二十九年(1903)举行的经济特科考试中，云南石屏人袁嘉谷被取为特科第一名。云南自元代建立文庙，倡行科举以来，儒学开始在滇中落地，但由于近千年的文化隔阂和差异，滇中儒学传播严重滞后。尽管明清以来儒学传播和科举已成为广大读书人的进身之道，全省各地，特别是昆明也已有很多士子在科举考试中取得优异成绩，但在整个科举考试时代，云南却从未出过状元。清光绪二十一年（1895），曾是光绪十五年（1889）己丑科状元的张建勋调任云南学政，到任后深为云南从未出过状元一事而扼腕。职责所在，张学政向全滇父老倡议，恭请各界捐资在省城昆明重建聚奎楼以汇聚滇中钟毓之气，早出状元。倡议一出，地方士绅、文人学子乃至贩伕走卒、织女浣妇尽皆踊跃响应，纷纷解囊捐助。此楼落成，学者罗瑞图在碑记中预言“大魁天下可拭目俟之矣”。果然，在科举废除后首次经济特科考试中，云南真的中了个第一名，云南人称“袁状元”。为庆祝和纪念这件事，遂将昆明城东的聚奎楼改名为“状元楼”。

4. 重九起义　喋血春城

清朝末年的云南，民族矛盾和边疆危机都十分尖锐。云南又地处祖国西南边疆，和越南、缅甸等国接壤，屡受英、法殖民者的侵略和威胁，因此反帝爱国的革命运动早有酝酿。1911 年 10 月 10 日，辛亥武昌起义爆发，全国震动。云南同盟会员和革命人士积极响应，从 10 月 16 日到 28 日，昆明地区同盟会员在城内举行了秘密会议，决定于宣统三年九月初十日（1911 年 10 月 31 日）凌晨 3 时起义，并推蔡锷为起义军临时总司令。

蔡锷（1882—1916），原名艮寅，字松坡，湖南宝庆（今邵阳）人，是中国近代史上著名的军事家和爱国主义者，当时任云南新军第十九镇（师）第 37 协（旅）协统（旅长）。

10月30日（农历九月初九日）晚8时许，昆明北校场第73标（团）李鸿祥部排长黄毓英、文鸿逵派兵抬子弹，起义做准备，被值日队官（连长）北洋派的唐元良追究，互相争吵了起来，情绪激昂的士兵开枪打死了唐元良等人，73标标统（团长）丁锦闻讯逃走，于是昆明起义就提前几个小时由基层发动起来。由于这一天是农历九月初九日，故史称昆明“重九”起义。

昆明起义经过了激烈战斗，重九之夜“城内枪声隆隆，大火冲天”，起义军与官军争夺各军事据点的战斗十分惨烈。经过一天一夜的战斗，起义军牺牲150人，伤300余人，敌方死200余人，伤100余人，终于控制了昆明。后人评说“云南省城起义，是除首义的湖北处，独立各省革命党人组织的省城起义中，战斗最激烈，代价最巨大的一次”。作为省会城市的昆明起义成功，云南各府、州、县，传檄而定，全省迅速光复。辛亥云南起义取得了重大胜利，推翻了清王朝对云南200多年的统治。11月1日，起义军官兵和有关人士在昆明五华山两级师范学堂所在地，组织了“大中华国云南军都督府”（又称云南军政府），公推蔡锷为云南军都督，同盟会云南支部领导人李根源为军政府军政部总长兼参议院院长。

云南军政府成立后，发布宣言指出，云南起义的宗旨是“铲除专制政体，建设善良国家，使汉、回、满、藏、蒙、夷、苗各族结为一体，维持共和，以期巩固民权，恢复国力”。重申了同盟会的16字纲领：“驱除鞑虏，恢复中华，建立民国，平均地权。”把“平均地权”作为纲领内容，是起义各省均没有的，云南革命者将其作为基本纲领之一，说明起义者对革命的目标认识要更为深刻、理性，直指根本制度。云南军政府刚成立时，内设参谋部、军政部、军务部三部，进行了一系列的资产阶级性质的改革，更新了人事，以革命者和青年知识分子替换了“重要各地方行政官”。改革财政，开辟财源，节俭支出，开办银行，发展经济。蔡锷带头降薪把督都的月俸降到60元，只相当于营长的薪资。改革取得了明显成效，使云南成为民国初年社会相当安定，经济颇有建树，民风为之一新的省份之一。

云南军政府在其社会改革措施中，力求维新，在建立新秩序时注意从点滴做起。为促进工商业的发展，改变昆明古老的“日中为市”的旧俗，军政府甚至对昆明各商店的开门营业时间也作了相应的规定。1912 年 8 月 28 日，军政府巡警局致云南省商务总局的咨文中就说：“省城内各街铺户，积习相沿，每日早晨开铺时间，七、八、九钟不等，甚至有延至十点余钟始行开铺者。此种陋习，殊非民国肇基，咸与维新之气象。……且早间贪眠，不特于事业难期发达，实于卫生上诸多妨碍。敝局职司警政，有正俗之责，应亟革此陋习。除拟定简明规则，出示晓喻，并通令各区，每日饬警认真查察外，相应备文咨请贵局查照。”于是就有了每天一早，巡警用警棍沿街挨家挨户敲打窗门，督促开门营业的街景。

简明规则共六条：第一条，各街铺户限以每日早七钟一律开市，如逾限始开者，按照时间每过半点钟，罚金二角；第二条，各铺户有本日因事停开者，须将理由先行报告本段派出所，转报备查；第三条，各铺户如早间有事故，须至午间或午后始开者，仍先报知本段派出所注明，以便稽查；第四条，各铺户无论有无事故，本日停闭不开而不先报知本段派出所者，仍以违规论，照

第一条办理；第五条，凡受罚铺户，每旬由本管区将招牌、职业、姓名、号数、所罚金额，张榜揭示；第六条，本规则自阴历九月初一日为实行期。

云南军政府在对内实行一系列改革的同时，还先后派出滇军援川、援黔、援藏，支援邻省的革命和反击英国对西藏的入侵。昆明也成为这些军事布置的指挥中心。

辛亥云南起义结束了清王朝在云南的封建统治，为云南人民民主革命开辟了道路，为资本主义的发展和城市化、工业化的加速创造了一定的条件，对云南后来的历史发展产生了深刻的影响。

5. 鼓吹革命　毓英峥嵘

云南辛亥起义不能不提到黄毓英。黄毓英（1885—1912），字子和，云南会泽县人。1903年到日本留学后，加入“同盟会”。1908年弃学回国参加河口起义，刚至香港，闻起义失败，按照孙中山先生的指示，从新加坡经缅甸潜入滇西，辗转于腾越、永昌等地，历经千辛万苦，发展“同盟会”会员，为滇西反清起义奠定了思想和组织基础。途经仰光时，黄毓英筹划创办《光华日报》，成立了“同盟会”仰光分会，将缅甸与云南境内的反清斗争连为一体，形成了互为支援之势，被称之为“云南早期最杰出的反清革命人物之一”。

1908年底到昆明后，黄毓英被选为“同盟会”昆明机关负责人。他与讲武堂师生广为联系，进入新军革命党人李鸿祥为管带的三营任排长，致力于发动军队起义，以“革命的穿梭者”把新军中的革命力量结成了团体。当蔡锷从广西调到云南任新军第十九镇三十七协协统时，黄毓英冒死劝说蔡锷支持革命。蔡锷见他“初入谒，头角峥嵘，目光四射，大奇之”，不禁厉声喝道：“你怎敢来见我？”

黄毓英答道：“不怕你，我才来见你，要是怕你，我就不来！”遂向蔡锷和盘托出了云南“同盟会”的打算。蔡锷乃慨然道：“我接受你的来意，请转告同仁，我自会运用时机，时机到了就干！”从此，蔡锷与云南革命党人达成了默契，暗中保持联络，对云南的反清活动做了很好的掩护。

1911年10月28日，在昆明洪化桥唐继尧住所举行的决定起义的第五次秘密会议上，与会者中的一些人对尽快举行武装起义之事犹豫不决，黄毓英勃然大怒道：“事急矣，诸公若不从我之主张，倘事机败露，余亦不愿独享烈士之名，必谓与诸公同党。”在黄毓英大义凛然的逼迫下，“群皆吐舌，呆若木鸡”，由于蔡锷坚决支持黄毓英，“于是最高级之军官，皆以黄君之言为当”，同意了黄毓英的主张，一致推荐蔡锷为起义军总司令，并决定了起义的时间和事项。10月30日傍晚，黄毓英所部士兵率先开枪打死了反动军官，打响昆明辛亥“重九”起义的第一枪。黄毓英和管带李鸿祥随即率七十三标起义军向昆明北门杀去。他们爬上城墙，黑暗中遇见一队巡防清军，黄毓英开枪将最先者击毙，其他清军拔腿便逃，起义部队用特意带来的大斧头砍开城门，一拥而入，展开了夺取军械局的战斗。所以，黄毓英为光复昆明全城，推翻清王朝在云南的统治立下了头功，故被称誉为“重九”起义的“首功者”。

以蔡锷为首的云南军都督府成立后，黄毓英任援川军第一大队长，率部支援四川的反清斗争，后奉贵州都督唐继尧电召入黔，1912年5月行至贵州思南时，被埋伏在路边草丛中的土匪连发数枪，中弹身亡，年仅28岁。黄毓英遇害后，1913年8月28日遗骸运回昆明时，各界人士万余出城迎柩。民国七年（1918），云南各界为纪念黄毓英，先在忠烈祠（今连云宾馆）铸立铜像，后将翠湖之南的尽忠寺改为专祀他的祠堂，匾曰：“黄武毅公祠”，寺之东、西两条街由此得名黄公东、西街沿用至今。寺前那道陡坡也得“尽忠坡”之名。尽忠寺改建为“黄武毅公祠”后，孙中山先生亲笔题写了“乾坤正气”。后来祠堂相继改作机关、学校，仅存《黄子和祠堂碑》。1987 年，五华区人民政府将设在祠内的东风小学更名为“毓英小学”，并投资修建毓英亭，公布为区级重点文物保护单位，以示对这位革命先贤的缅怀。

6. 护国首义　再造共和

1913 年底，蔡锷被调往北京，由唐继尧继任云南都督。唐继尧（1883—1927），字蓂赓，云南会泽人，清末秀才。1904 年赴日本振武学校留学，次年参加了同盟会。辛亥革命后任云南军政府军政、参谋两部次长，后任贵州都督。

民国建立后实行了总统制，建立了参众两院议会，议会作为制约总统的最高权力机构使惯于独断专行的临时大总统袁世凯感到事事掣肘，同时由于革命后形成的地方割据，使袁政府政令不通，权威尽失。1913年7月孙中山、黄兴等发动二次革命武装讨袁，9月，袁世凯在镇压了“二次革命”后，借势召集国会，10月正式当选总统，再任终身总统。11月下令解散孙中山领导的国民党，解散国会，通缉二次革命的首要分子。袁世凯当选总统后即开始蓄谋复辟帝制。经过两年多的策划后，于1915年12月12日宣布接受“中华帝国”的“皇帝”称号。袁世凯复辟帝制的倒行逆施，使辛亥革命的成果——民国共和体制毁于一旦，引发了革命党人和全国人民的反对和抗争，反复辟的斗争如火如荼地在全国展开。云南是辛亥革命最早响应的省份之一，也是为革命战斗最烈、流血牺牲最多、革命意志最坚定的省份，并且也是革命后迅速转入地方经济社会建设、革命成果最为显著、人民分享最多的地方，全省各族人民对袁氏弃民国而建帝制的行为尽皆愤然，社会各阶层都同仇敌忾地积极投入了这场斗争。

从1915年9月11日到11月3日，以云南督军唐继尧为首的滇军高层军官先后3次在昆明举行秘密会议，商讨反袁武装起义。他们一方面暗中积极筹划武装反袁事宜，一方面派人与在北京的前云南都督蔡锷联系，争取蔡锷回滇参与领导反袁。12 月 19 日，蔡锷逃出北京后，经越南河内辗转来到昆明，对云南正在酝酿的反袁斗争是一个激励。12 月 21—22 日，在蔡锷、唐继尧主持下，滇军军官及外地来昆爱国志士又召开了两次会议，与会者歃血为盟，共同宣誓：“拥护共和，吾辈之责。兴师起义，誓灭国贼。成败利钝，与同休戚。万苦千难，舍命不渝。凡我同人，坚持定力。有渝此盟，神明共殛。”决定于 12 月 25 日宣布独立讨袁，反对袁世凯复辟帝制。

1915 年 12 月 25 日，云南宣布独立，并通电全国武装讨袁。消息传出后，昆明各界民众群情激奋，欢声雷动，是日举行了全市大游行，市民们高呼打倒袁世凯，拥护共和，至夜乃息。

从云南开始的讨袁护国战争正式爆发。云南宣布独立的同时，组成了讨袁护国军和护国军云南都督府，以蔡锷、李烈钧、唐继尧分别为护国第一、二、三军总司令，又以唐继尧为护国军云南都督府督都。

1916 年初，护国军在昆明正式誓师和出兵之日，昆明各家铺户张灯结彩，悬挂国旗，并在大门上用红纸金笔书写“拥护共和大纪念”。昆明马市口至南门一带，门联、彩布五彩缤纷。昆明各界群众又一次结队游行，高呼“打倒卖国贼袁世凯！”“拥护民主共和！”群众踊跃捐款支援护国军，报名参军者络绎不绝。

经过几个月的艰苦战斗，护国军在四川、贵州取得了军事胜利，得到全国各地革命党人和各界人士的支持和响应，全国性的反袁起义大潮已经形成，袁世凯不得不于1916年3月22日下令撤销帝制，但又把住总统宝座不放。护国军继续战斗，护国起义各省于1916年5月8日在广东肇庆联合组成护国军军务院，以唐继尧为军务院抚军长。袁世凯倒行逆施，众叛亲离。6月6日，袁世凯病逝，结束了他风云诡谲的一生，以反对袁世凯复辟帝制为宗旨的护国战争胜利结束。

护国战争是近代中国继辛亥革命后的又一次伟大的革命运动，维护了共和体制，使民主共和的理念深入人心，成为近代中国走向现代化的旗帜。云南人民为护国战争做出的牺牲和贡献，彪炳史册，永远以志。

护国运动胜利后，为纪念护国运动，弘扬护

国先贤的革命理想和献身精神，云南军政府将昆明市内一条街改名为“护国路”，并修建了“护国门”和“护国纪念标”。今“护国路”地名尚存。“护国门”“护国纪念标”则由于年久遭到拆迁和破坏。1995年护国运动80周年之际，昆明市人民政府出资于护国路中段、南屏街口重建。

为纪念云南辛亥起义，彰显护国功勋，昆明市内还曾建筑“蔡松坡（蔡锷）祠”，在昆明大观楼公园立有唐继尧铜像，但今皆已不存。

7. 滇越铁路　近代交通

昆明地处中国与南亚、东南亚、西亚交通的重要节点，历来是中国与上述地区交往的重要枢纽，无论是上古时期的蜀天竺道、安南道、博南古道，还是后世的茶马古道、西南丝绸之路都是以昆明为中转的国际通道。对此，作为世界性帝国的英、法从全球争霸的视角，远比大清帝国的皇帝、大臣们清楚得多。19世纪末，英国从南亚方向，法国从东南亚方向竞相向云南扩张。为加速对云南的侵略，英、法争夺在云南的铁路建设权。在这方面，法国走在了英国的前头。早在1885年签订的《中法会订越南条约》中就提到，如今后中国修筑铁路，应向法国商办，法国当尽力协助。1897年，法国为了控制云南，实施其侵略计划，正式向清政府提出，要求赋予在云南修筑铁路的特权。法国修筑滇越铁路的目的，不仅是为了控制这条铁路和沿线地区，而且要使这条铁路成为进入中国内地，占领中国市场，掠取中国资源，吮吸中国人民的血汗和财富的管道。清政府在法国压力下，由清朝总理衙门与法国驻华公使吕班签订了《中法滇越铁路章程》共34条。接着，法国组织了滇越铁路公司，筹款集股，准备修建。

1901年滇越铁路的越南境内线开工兴建。中国境内线准备动工时，遭到了云南各族人民的强烈反对，法国方面不得不多次多处修改线路以避开人口稠密地区，致使中国境内线延至1904年才得以开工兴建。铁路修建过程中，每年使用数万民工，拖了7年时间才完成。1910年4月1日，滇越铁路全线通车。

滇越铁路全长850多公里，在我国境内从河口到昆明一段长450多公里。铁路在滇南崇山峻岭中穿山越岭，跨越天堑、大河方能抵达昆明。

铁路修成后，大大方便了法帝国主义对云南的殖民掠夺。从此，云南成为帝国主义商品销售市场和原料市场。云南丰富的矿产资源被洗劫，个旧的大锡通过火车运往香港，销往国外。外国商品大量倾销到国内市场上来，加速了云南农村小农经济和手工业经济的破产，给城乡的经济生活带来了巨大的灾难。然而，滇越铁路作为近代交通工具和文化传播工具，并不完全以它的建造者的意志为转移。滇越铁路对昆明的近代化产生了重大的影响，使昆明与东南亚在地理上的相互连通的地缘优势真正突现出来。在此之前，昆明与内地陆路往来的路线主要有滇黔大道、川滇大道和滇桂大道，运输方式为马帮驿运，行程数天以上；与沿海地区及国外往来的线路，主要是由陆路到蛮耗，然后由水路沿红河南下至越南海防，再转香港至国内沿海各地，行程在 2 个月以上。滇越铁路通车后，由昆明乘火车达越南海防只要 20 多个小时，一星期内可由昆明经海防至香港，九天内可到达上海。铁路使昆明从一个封闭的边陲城市一跃而成为与发达资本主义经济体系直接联系的前沿城市，从而加速了昆明城市的近代化过程。

随着滇越铁路的开通，大量的先进技术设备和人才进入昆明，推动了昆明工业的发展，使昆明逐步成为云南省最大的商品集散地和贸易中心，促进了昆明的市政建设和社会思想观念的变化。云南各界开始热衷修筑铁路，先后规划了昆叙、昆南等数条铁路。

滇越铁路通车，也启动了昆明近代航运业。滇池航运一直是昆明重要的物流渠道。铁路开通后，昆明商人张绍明呈请开办轮船公司，从越南购进法制蒸气轮船一艘，通过火车运至昆明，组装后于1910年在滇池下水。此船为蒸汽机明轮推进，属客货混合运输船，时速每小时5公里。该轮船是滇池上的第一艘机动轮船。1912年“滇济轮船公司”成立，从事昆明至昆阳、观音山等地航运。1921年又有“昆玉轮船公司”成立。1927年商人李凤祥发起筹建“云南昆湖轮船股份有限公司”，有船往返昆明、昆阳间。1933年2月昆明至玉溪公路通车后，昆湖轮船公司购买了汽车，实行水陆联运，公司改名为“昆湖轮船汽车股份有限公司”。

铁路的开通有力地促进了昆明近代公路的建

设。1925 年 10 月 10 日，云南省第一条公路——昆碧公路（昆明至碧鸡关）通车，虽然不足 10 公里，却揭开了昆明公路建设的序幕。龙云任云南省政府主席之后，将修筑公路列为四大要政之一。1928 年“云南全省公路局”成立，拟定了“四干道八分区”的庞大计划，并积极付诸实施。到抗日战争全面爆发前夕，昆明至下关、昆明至玉溪、昆明至贵州盘县公路均已通车，为昆明近代公路运输打下了基础。

航空事业亦有发展。早在 1922 年云南省政府就成立了航空署，筹备云南航空事业。同年在昆明巫家坝建成航空学校，培训飞行员，航校从法国购入有 10 余架教练飞机，聘请中国和法国教员任教，但未开办民用航空。1929 年昆明开始了民用航空，主要是省内航线；1935 年后增加了飞重庆、贵阳、成都、香港及越南河内、印度加尔各答的国际航线。

此外，邮政电讯事业也有了发展。自 1910 年昆明开办电报学校，昆明的邮电行业就开始稳步发展，到 1937 年，昆明已初步形成铁路、公路、水路、航运、邮电立体交通的新格局。

8. 近代工业　起步蹒跚

昆明近代工业起步于清末，1884 年开办的云南机器局，是昆明第一家近代工业企业。继而有官办造币厂、印刷局、幼鞋工厂等。还有官督商办、官商合办及商办的近代工业企业。1910 年出现的云南耀龙电灯公司是官商合办的能源企业，该公司兴建的昆明石龙坝水电站，是我国最早的水力发电站。到辛亥革命前夕，昆明近代工业企业已有 10 个左右，但占城市经济主体的多数是家庭手工业。

1910 年滇越铁路通车，历经辛亥、护国运动，民智大开，民气提振，又为民族工业的发展创造了条件，昆明近代工业有了较快的发展，其中以纺织、染织、五金、机械、电力、造纸、印刷、制革、烟草、火柴、肥皂、玻璃、碾米、面粉、制药、酿造等行业的发展较为突出。据 1935 年统计，昆明近代机械化工厂已达 29 家，工人数近 3000 人。而城市手工业更是迅速发展，全市各种手工作坊达 1200 余户，从业 7000 余人，手工作坊也引进了很多机械半机械设备，产能有很大提高。

总体而言，由于积累不足，基础设施稀缺，

知识、人才、技术、资本这些工业发展的基本要素极度匮乏，昆明工业化进程仍然是比较缓慢的。但在一些比较优势突出的行业或企业中，也呈现出较高的近代化程度。清末开办的耀龙电灯公司，引进当时居世界先进水平的西门子公司的全套设备及股份制管理、经营模式，兴建中国第一个水电站，开中国水电事业的先河，也使昆明工业获得了动力革命带来的发展先机。云南纺织厂全部机械设备，是当时全国最新式的设备，其中美国萨克劳乐细纱机为当时世界最新设备。云南电气制铜厂、云南制革股份有限公司等企业从设备到管理都已进入近代化水平。

在工业跨入近代化的大门的同时，近代商业和金融业机构亦已出现。1912 年成立的云南第一家省立地方银行——云南富滇银行，为云南近代金融机构的代表。金融是市场经济的血液，也是现代工业、商业和服务业发展的助推器和催化剂，富滇银行发行本币，开展与国内外银行间的汇兑业务和票据、跟单结算，对本省企业的发展给予了积极的支持，为昆明城的工业化、近代化创造了外部环境。

七、设 市

时代潮流 强人推波

护国运动以后，唐继尧以云南督军名义继续统治云南。然而，由于护国战争以后中国中央政府的权威进一步弱化，中央权力难以制约和控制各省，出现了军阀割据和军阀混战的局面。唐继尧则在护国、护法战争后退回云南自守。护国、护法战争期间，滇军一直侵占邻省，连年用兵，军费巨大，弄得云南民穷财尽，导致了社会矛盾的尖锐化。

1919 年 5 月，当“巴黎和会”中国外交失败的消息传到昆明，昆明各界立即振臂而起，抗议列强对中国权力的漠视，抗议北京政府的丧权辱国行为，各阶层人民也起而响应。于是，昆明地区掀起了轰轰烈烈的反帝反封建的爱国群众运动。在学生们的行动影响下，省议会、省总商会、报界联合会、教育会、实业改进会、省农会、救国会、和平会、三迤总会、三省联合会、国民后援会、尚志学社等团体发起，于 1919 年 6 月 4 日在昆明云华茶园（今云南省第一人民医院所在地）召开了盛大的“国民大会”。地方人士称为“六四国民大会”。通过了宣言及致全国和巴黎中国专使之通电多件，号召声讨国贼，抵制日货，取消中日不平等条约！

“六四国民大会”之后，与会群众数千人举行了示威游行。游行队伍沿着广聚街（今金碧路）、太和街前进，沿途高呼“还我青岛”“挽回国权”等口号。队伍经过日商保田洋行门前时，捣毁了洋行。队伍转赴德胜桥，到日本驻昆领事馆门前示威，然后到火车南站，捣毁日商府上洋行。直至 1920 年 5 月后，昆明大规模的群众性运动才逐渐告一段落，转入了新文化运动的传播阶段。

“五四”爱国民主运动以后，各界民众的爱国爱乡意识觉醒，普遍要求当局撤军罢战，恢复地方建设。1926 年 11 月中国共产党云南地方组织也出现了，使云南近代史迈入了一个新的阶段。

（一）超前建设　四将反戈

“五四”运动后不久，唐继尧对云南的统治遭到了一次严重挫折。护国战争胜利以后，唐继尧仍以“北伐”为名，向四川扩张。1918 年 9 月，川滇黔鄂豫五省举行联军会议，唐继尧提出建立川滇黔三省同盟的条件，被四川熊克武拒绝，埋下了 1920 年川滇战争的种子。1920 年川滇战争爆发，熊克武以驱逐客军相号召，联合各路川军，分路向滇军控制的成都、重庆进攻。驻川滇军第二军军长赵又新在泸州阵亡，驻川滇军第一军军长顾品珍收拾残部，退出四川，暂居滇东。

1921 年 2 月顾品珍以“士兵厌战”为由，班师回昆，驱逐唐继尧。顾品珍进军昆明，唐继尧不得已于 2 月 8 日率少数人离开昆明，乘火车沿滇越铁路南下，转赴香港。顾品珍于次日控制昆明，以滇军总司令名义控制云南。

唐继尧出亡香港一年，养精蓄锐，广结香港和南洋侨界领袖，网罗各路人士，参与创建了中国致公党，终于伺机于 1922 年 3 月率驻桂滇军反攻云南，并与滇南大土酋吴学显合力，以突然袭击方式，击杀了顾品珍，实现了“二次回滇”，重掌云南大权。回滇之后，唐继尧发布“废督裁兵”，主张“联省自治”“闭门建设”，表示将全力推动地方建设。

唐继尧回滇后，面对的是经济实力不足与发展野心太大的矛盾，他不顾滇省财力严重不足的现实，仅在回滇当年就竭力兴办了云南第一所高等学府——东陆大学；兴办了航空学校，购买了多架飞机；强制推行小学免费义务教育，硬性规定省城全部适龄儿童必须入学。后来几年，唐更是大干快上地先后兴建了高等师范学校、美术专门学校、蚕桑学校，扩建农工中学、女子中学，改云南卫生学校为5年制云南军医学校。扩建云南无线电学校，新办初、高中一体的实验中学。在“教育兴邦”的同时，唐继尧还不余力的加大市政建设的规模，修建昆碧公路，推动石龙坝电站扩建扩容，推动自来水厂供水管网扩建扩容。兴办能覆盖北半球的云南无线广播电台。筹建红会医院，扩建惠滇医院；还大力推建“园林都市”，新建扩建了大观楼等六大公园。又大力筹备昆明建市，举办“云南省第一届体育运动会”，等等。这些都是在连续7年用兵、省困民穷之时所办的耗资巨大的投入高、回收慢的基础性、公益性项目，使本已入不敷出的省市财政捉襟见肘，甚至发展到严重拖欠军饷，公务员、公立教师长期欠薪的地步。钱不够便借债凑，唐政府把富滇银行当作自己的金库，大规模借贷，1926 年欠富滇银行 3000 万元，迫使富滇银行以滥发、超发钞票来转嫁危机，由此造成物价飞涨，民不聊生，民怨沸腾，直接动摇了唐继尧的执政合法性和社会基础。昆明镇守使龙云、蒙自镇守使胡若愚、昭通镇守使张汝骥、大理镇守使李选廷等四镇守使不得不联合起来，要求唐继尧改革政治。他们向唐继尧提出改组省政府、靠拢国民党中央、还政于民等要求。但唐继尧不予理会。1927 年 2 月 2 日，已是农历新年（春节），部队官兵要求唐继尧发清历年所欠军饷。可是唐继尧仍不理会，新年到来也只发半个月的伙食费，军士大为不满，互相鼓噪。四镇守使利用此事，趁机调兵进逼昆明。

1927 年 2 月 5—6 日间，四镇守使联名举行兵谏，发出通电，要求惩办贪污，摒除“小人”。事变当日，龙云派兵把守昆明各城门、要地，并逮捕了唐继尧手下 20 多名积极推行新政的官员。

这就是推翻唐继尧统治的“二六”政变。政变发生时，唐继尧企图反抗，但四镇守使对昆明的包围已经完成。唐继尧见大势已去，被迫交出政权。

2月22日，四镇守使等在宜良法明寺举行会议，决定采用合议制，组织省务委员会，“拥戴”唐继尧为省务委员会空有其名的“总裁”。3月15日，省务委员会在昆明成立，推举胡若愚、龙云、张汝骥、李选廷等9人为省务委员会委员，胡若愚为省务委员会主席。唐继尧仍不甘心，曾几次企图逃跑反击，都未成功，遂一病不起，延到1927年5月23日去世。唐继尧的城市化大跃进为昆明快速走向现代化拼出了一片曙光，但他的急于求成和不恤民力，导致其在当时社会舆论中备受批评，著名士绅陈荣昌甚至批他“治滇无善政，护国有奇勋。”然而从后来的发展看，唐的治滇方略虽有急于求成的瑕疵，但总体上顺应了时代的要求和城市化、工业化的前进方向，为昆明的发展和市民的福祉都奠下了较好的基础。

省务委员会成立后，名义上是四镇守使联合统治，实际上大权操在实力较强的胡若愚、龙云手中。张汝骥倒向胡若愚一边，李选廷自知实力不济，退出竞争。这样，龙云与胡若愚、张汝骥三军对垒，逐步形成三军混战的局面。

在随后的两年多时间里，龙、胡、张三军继续混战，各有胜负。1929年夏，胡若愚、张汝骥又联合另一支滇军孟坤部，分别从川南、滇东北直扑昆明，龙云调军击溃联军。胡、张、孟部退入川西南一带。龙云通过关系买通了川西南的木里土司，进行夹击，结果张汝骥被俘，后被枪毙；孟坤渡江，翻船淹死；胡若愚只身逃往上海，另谋出路。从此，龙云统一了云南，确立了自己在云南的统治地位。

还在1929年夏末，胡、张、孟联军进攻昆明时，昆明危急，龙云原在昆明北门外商山寺藏有大批火药、炸药，恐为胡、张抢劫利用攻城，省府遂下令军械局，将北门外军火移入城内北门街江南会馆内储存。军械局用马车、牛车、挑夫将火药赶运入城时，不少火药散落于地，加上天热、摩擦，星火不慎，7月11日午后2时，北门街轰然一声，火药大爆炸，震惊全市。据事后查明，这次“七一一”火药大爆炸，计受灾3200余户，受灾人数12200余人，其中重伤致残579人，死亡320余人，而临时路过遇难死亡或尸体残毁无主报认的，还未包括在内。这是军阀混战给昆明人民带来的严重灾难。

（二）昆明设市　马鉁立制

云南辛亥起义后，建立新型的云南军政府，曾实行一系列改革，至于地方行政，暂时沿袭府、厅、州、县名称，以维持现状。不过对府、县同城者，则裁县而由府兼摄县事。1913 年全国统一，一律裁府改县，于是云南府在 1913 年被裁而保留昆明县，由云南省政府直接管辖。又根据《城、乡、镇地方自治章程》关于城区以外之市镇、村庄等地方，人口不满 5 万者为乡，5 万以上者为镇的规定，人口稠密的云南省府城区建制上仍属昆明县，但划归省会警察厅管辖。这种省直管县的行政体制，是从县以上高度集权，县以下基本自治的传统体制下直接过渡来的。1919 年唐继尧实行民治，颁行了《村、市民自治条例》，实际上沿用的仍是“皇权不下县”的基层治理模式。这种模式与城市化和工业化的要求不适应，城市化和工业化都要求有大量的基础设施，要求迅速扩大用地规模和其他公共资源，要求开放的市场和有序的市场监管。这些都是传统治理体制无法提供的，而省直管县，有碍于省级政府宏观管理职能的行使，因而设立具有现代城市管理功能的政府，统管城市的建设发展就成为必然。

唐继尧实行民治时，将省会警察厅管辖的昆明县划出来，设云南市政公所于翠湖之湖心亭，并准备筹办昆明设市。唐在日本留学时曾留意过日本的城市管理体制，认为可以作为昆明设市的样板，他曾派李宗黄到日本考察如何设市。李宗黄从日本回来，即颁行了《云南市政公所办事细则》。公所下设总务、工程交通、实业风化，保健教恤4科。在市公所下设置各区的行政区划，实行市政、警务分离。提出了《云南市政初期计划》，涉及包括发展市营、私营的修路、教育、建筑、社会改造等十大项目。从解决“电灯不明、道路不平、自来水不清”三大弊政着手，推行新政，整顿市场、打击奸商、平抑物价、改善交通、修建市内外公园和公众娱乐设施，拓展义务教育等措施。云南市政公所刚取得一些成绩，却因顾品珍的倒唐和唐继尧的流落香港而被迫终止，云南市政公所被裁撤，设市搁置。直到1922年唐继尧二次回滇，于同年8月恢复市政公所，划定省会区域，以城内外不属城郊区乡者，脱离昆明县而改属市政公所管辖。

成立昆明市政公所的同时，颁布了《云南昆明市政公所暂行条例》，条例规定，昆明市政公所管辖区域，以云南省会为限，但应事势之必要，得呈请省政府特许扩张。市政公所设督办1人，会办1—2人，下设总务、工程、公用、警务、卫生、劝业、教育、社会8课。李宗黄为首任督办。

1925年，唐继尧派马鍃为昆明市政公所会办，后继任督办。1928年，龙云掌握省政府后，根据国民政府颁布的《特别市组织法》和《普通市组织法》规定，批准改昆明市政公所为昆明市（属普通市）。8月1日，昆明市政公所正式改名为昆明市政府，原督办马鍃就任昆明市第一任市长。

昆明市政府受省政府各厅厅长之监督指挥，市长为荐任制，下设五局二处，即经济、公益、建设、公安、教育五局，秘书、督察二处（机构后有变化）。其市区仍以原省会警察区域为范围，总面积为7.96平方公里。

1930年7月，国民政府颁布《修正市组织法》，规定人口在20万以上，营业税、牌照税、土地税每年合计占该收入的1/2以上者为设市的必要条件。而这时的昆明仅16万人口，营业税、牌照税、土地税皆未举办，为此经省政府同意，昆明市属各局一律改为科，不得对外，只对市长负责。局改科后，昆明市政府设8个科，科长由市长任命，副科长以下官员皆面向社会公开招考聘用。在市政府最初的8位科长中，竟有7位是留日、留法的毕业生。

1934年，昆明市区扩大，人口已超过20万，营业税、牌照税、土地税已达73万余元，而1933年度全市收入总额为139万余元，已超过一半，遂报经内政部转行政院，正式批准为市，并颁给“昆明市政府印”“昆明市参议会印”铜质印信两颗。这时，昆明市的四至之界限为：东至席子营、苏家庄；东南至菊花村；南至佴家湾、刘家地；西至六合村、荣家营；西南至白泥坡；北至林家凹、大马房；东北至小厂；西北至王家坝。这样，成立于1928年8月的昆明市，此时才正式办妥一切合法手续。到 1939 年 11 月，云南省政府正式批准昆明市为云南省直辖市。直到新中国成立以前，昆明市的行政区划和管辖范围变化不大。

尽管建市之初，由于受到各种条件的限制，变化有限，但是，在龙云建设“新云南”思想的指导下，昆明市是全省重点建设的地区。马鈖首任市长后，市政建设即提上了日程，如商业较为兴旺的南城一带，先拆了丽正门和月城，旧址改为近日公园；筑成环行马路，近日公园居中央；茶花作为市花。由于昆明市政建设的发展，使昆明成为这一时期引人注目的城市。

马鈖（1886–1963），字少坡，云南洱源人，1909 年考入云南陆军讲武堂，录在丙班，与朱德、范石生等为同学。毕业后任新军见习排长，参加过重九起义和护国战争。1920 年赴日本陆军青山支队见习。1922 年在唐继尧回滇后任第五军少将参谋长。1925 年改任昆明市会办。1928 年 8 月 1 日昆明市政府成立，马鈖由市政公所督办转任市长。

马鈖任市长时昆明约有 18 万人口，但财政拮据，经费困难。马鈞以民生为重，提出从容建设市政的原则，优先济困和发展教育。遇有灾年，农业受损，市政府都即时发起筹办粥厂，每天组织专人买米煮粥，廉价或无偿向灾民提供。同时组织市民募损赈灾，帮助难民渡过灾荒。在教育经费严重压缩的情况下，马鈞仍在力所能及的范围内，筹措经费兴办学校。先后新办了羊神庙小学（今书林二小）、民国小学、粤侨公学等，扩大了招生能力。为保证学校的教学环境，还对一些学校附近的集市、戏园、茶楼进行整顿，限时放行，限制噪音等。

马鈞在任时为繁荣昆明的文化生活做了一些开创性工作，在广泛征求各界人士意见后，决定推出茶花为昆明市花。此后每适茶花开放之际，全城市民都会举行各种赏花活动，成为一时之盛。马鈞对城市的文化建设也很重视，对市场上销售淫秽书画，陈列残疾儿童以牟利等行为，专门组织了打击和清理；对剧院里上演的剧目也进行审查和清理，禁演了一批淫秽剧目。

在社会治安方面，马鈞兼任宪兵司令，其任职之初即提出对滋扰社会治安的人犯也以感化教育为主，尽量避免死刑的方针。在任年余，惩戒教化并用，省城治安好转，深得市民好评。

（三）旧城新建　都市雏形

1928 年昆明市政府建设局成立后，市政建设有了较大的发展。

首先是旧城的改造。清末民初昆明城内街道多为条石路，小巷大多为碎石或土路，凸凹不平，宽窄不一，没有规矩。起风则尘土飞扬，下雨则积水成洼。正义路及华山南路等较繁华街道，虽有路灯，但少而不明，夜行仍需手电。许多街道污水横溢，垃圾成堆。

1928 年后陆续加以改造，将南正街（今正义路北段）拓宽为三丈八尺（约 12.5 米），车道宽 8 米，为块石路面，人行道为三合土路面。1930 年拆除正义路以东、护国路以西城墙，以城墙土填护城河，修筑宽 12 米块石路面，人行道为三合土路面，原定为新市场，即今之南屏街。

1930 年，昆明市成立"环城马路工程委员会"，于次年动工兴建环城马路，全长 10570 米，车道宽 11.52 米，两边人行道各宽 1.6 米，碎石路面，于 1936 年竣工。同时，实施改造旧城楼计划，到

1936 年，拆去小鼓楼两侧城墙，修建石桥 1 座，改造大小鼓楼。至 1937 年，昆明市区街道大多改为块石路面，人行道多修为三合土路。正义路、武成路、绥靖路（今人民中路）、东寺街、金碧路等主要街道装置路灯。三市街、金马街植行道树。昆明已有的 11 条主要街道改造为近代公路，可通行汽车；南屏街更建成为昆明第一条沥青面道路。一个新型的市区交通网初步形成。

其次是开辟公园及兴建名胜区公路。昆明气候宜人，又是历史文化名城，名胜古迹众多，民国初期已建立了金碧公园、大观楼公园、翠湖公园。

自 1922 年唐继尧向市政公所提出将昆明建成“园林都市”的设想后，昆明市就开始了旧公园的整修和新公园的建设。1923 年，除整修大观楼公园外，古幢公园、圆通公园、近日公园、西山公园相继建成开放。此外，龙泉观（今黑龙潭公园）、太和宫（今金殿）、筇竹寺等名胜地方，游人亦大为增加。1917 年，由小西门修筑长 3.2 公里、宽 7 米的大观马路，直通大观楼公园，为昆明第一条名胜地区公路，1934 年改为泥碎石路面。此后，陆续修筑了至黑龙潭、金殿、安宁温泉、西山太华寺等名胜地区公路。

再次是近代城市建筑有了初步发展。随着昆明辟为商埠和滇越铁路的通车，近代建筑材料和建筑技术的传入，昆明开始出现了西式或中西合璧式的建筑。1924 年，东陆大学（今云南大学）会泽楼建成，这是昆明较早的大型西式建筑之一。整座楼由雄伟壮观的主楼及 95 级青石台阶组成。台阶两侧是烧制砖体组成的空心围拦。主楼正面由四根希腊多立克式圆柱支撑一个平台，大楼整体为二层建筑（后加为三层），面积 4000 余平方米，楼高 23.3 米，长 78 米。造型采用法式建筑风格。阳台用水泥预制板及铸铁围栏建成，地板用拼花瓷砖组成。

整体建筑由砖石建成，并大量采用石料。建筑物还有四根对称的排水管。会泽楼至今已 90 多年，依然完好无损，足见其质量甚好。此外，滇越铁路昆明总车站、云南航空处、逸乐电影院等近代建筑也出现了。

另外，还修建了教堂、医院、别墅等近代建筑。如北京路天主教堂、惠滇医院（今昆明儿童医院）、甘美医院（今昆明市第一人民医院）、海源寺灵源别墅（龙公馆）、白渔口庾晋侯别墅（庾园）、大观楼鲁家花园以及若干小洋搂等。还出现了近代化的企业、工厂厂房，如石龙坝水电站、自来水厂、无线电发射铁塔、云南纺织厂等建筑物，以及若干商行、洋行、银行等。

近代建筑的出现，改变了昆明的城市景观，也影响着人们的生活时尚和思想观念。

与此同时，近代城市交通工具及相关的设施也出现了。除了人力车、自行车外，1925 年起昆明出现了汽车；1918 年开始出现自来水；到 1935 年市内电话增至 500 多部。电气事业也有了较快的发展，到 1935 年，耀龙电灯公司在昆明的用户达 5500 余户，电力用户有 100 余户；1936 年又建成了云南纺织厂发电厂，随即并入耀龙电灯公司；到 1937 年 6 月至年底，发电 68 万度，供电 24 万度。

在城市对外交通建设方面，滇东、滇西、滇南、滇东北 4 条主干道几乎同时修建。滇黔公路（又名滇东干道）由唐继尧首开，龙云大力推动，于 1926 年动工，历时 10 年于 1936 年 9 月 15 日通车。

滇黔公路全程600公里，汽车由昆明状元楼经18个站点4天可抵达贵阳，路面载荷15吨。

昆明至大理下关的滇西公路（滇缅公路前半段）1921年由顾品珍开工，唐继尧推进，龙云建成，全程400公里于1937年修通。

滇东北公路，1929年动工，1931年完工。由昆明经嵩明、寻甸、会泽、昭通、大关、盐津进入四川。

滇南干道，全程约340公里，1929年动工，由昆明经呈贡、晋宁、昆阳、玉溪、河西、通海、曲溪、建水、个旧、蒙自、蛮耗至河口。

昆明城市发展已引起各方面注意。1935年5月，蒋介石曾带一大批随从来昆明视察，结果他们发现，昆明与当时全国大中城市相比，是非常可爱的。蒋介石夫人宋美龄曾写道："昆明城街道十分干净整洁，建筑物都是同一色彩，和我们在其他地方见到的杂乱建筑物相比，使人感到更舒服。"

（四）文化启蒙　教育维新

1903年清廷宣布实行新政，废科举办学校，各地都开办了公共图书馆以适应新式教育对图书资料的海量需求。作为近代教育的代表性机构公共图书馆，云南省图书馆创建于1909年，由当时的经正书院、育才书院、五华学院和学务公所图书科藏书组合而成。原馆址位于昆明市翠湖公园北侧，经正书院旧址，前40年曾数易馆名（“云南省图书博物馆”“省立国学图书馆”“省立昆华图书馆”）。据有关资料，云南省图书馆在成立时有藏书3万余册，其中一半左右是新学书籍和翻译资料，这在全国是独一的。大量的新书为读者带来新知识新思想，为云南的启蒙运动提供了精神动力。1938年以后，云南省图书馆馆藏进一步扩大，借阅量也长期保持全国第一。1950年，云南省人民政府在昆华图书馆的基础上，将志舟图书馆、明伦学社等图书馆并入，成立昆明人民图书馆，馆藏书刊资料25万册，工作人员25人。1953年正式命名为云南省图书馆，之后曾迁延馆址至翠湖公园湖心亭及圆通山脚北侧等地。至1965年，馆藏书刊资料135万册（件）。1974年，云南省图书馆全部迁入翠湖公园西侧翠湖南路141号的新馆，馆舍面积9050平方米，书库面积400余平方米，阅览室8个，共500

个阅览席。至 2000 年底，馆藏书刊资料 227 万余册（件）。

辛亥革命以后，昆明近代教育有了明显的发展。

首先是高等教育逐步走上正轨。一方面改造原有的学校，另一方面创办新的学校。

1913 年，将创建于清末的法政学校改为云南法政专门学校，分设“别科”和“特科”，开设预科和本科，同时设银行班、地方自治研究所、法政速成班、财政和商业特别讲习班，成为综合性专科学校。1923 年创建省立美术专门学校，最初设绘画、美术工艺两个系，1929 年并入省立第一师范学校，作为该校的艺术师范班。

更为重要的是，创办了近代化程度很高的综合大学——东陆大学（今云南大学）。1920 年，唐继尧倡办东陆大学，1921 年建立筹备处，1922 年 12 月 8 日宣布东陆大学正式成立，并开始招生，1923 年 4 月 20 日开学。计划开设文、理、法、工、农、商、医 7 科。开始只招预科生，1927 年起招本科生，只设文、工科。1930 年改为省立东陆大学，建立了文学院、工学院、教育学院，设立医学专科。1934 年省立东陆大学改名为省立云南大学，进行了院系调整，设立文法学院、理工学院，筹备医学院、农学院，并设云南大学附属中学。1938 年后又改为国立云南大学。

其次是中等教育的发展。1912 年，省教育当局把清末创办的昆明“两级师范学堂”改名为“省会师范学校”，1917 年改名为“省立第一师范学校”，1933 年改名为“省立昆华师范学校”。将清末中医学堂改建为“女子师范”，又改名为“省立女子师范学校”。1936 年成立昆华艺术师范学校。

普通中学有了较快发展。1912 年将省会模范第一中学，省会师范学堂附中、实科中学及蒙自第二中学合并成立“省会中学校”。1923 年，省立女子师范学校与女子职业学堂合并为“省立女子中学”。随后昆明公办中学逐年增加，到 1937 年昆明市内有省立昆华中学、昆华女子中学、富春中学、省立云瑞中学等。私立中学亦不断涌现，先后开办了私立第一中学、正则、成德、求实、明德、明诚、南菁、南英、护国等中学。

教育发展的同时，体育、医疗以及电影、广

播事业亦有所发展。1923 年兴修了东陆运动场（后改称云南大学体育场），1931 年建成省立光华民众体育场、省立翠湖体育场，成立了体育促进会、振武社、太极拳研究社、省国术团体等体育社团，开展了体育比赛。近代医院亦相继出观。公立医院有云南省警察医院，后改名宏济医院，再改称市立医院，又改为昆明市第一卫生所；私立医院有同仁医院、妇孺医院、慈群医院。洋办的惠滇医院、甘美医院也更加兴盛。公众娱乐设施方面，继 1913 年昆明出现了第一家电影院后，1916 年出现了第一家正规电影院，1926 年出现第一家公营电影院——市立电影院。随后又有光华影戏院（1930 年）、逸乐影戏院（1931 年）、大中华影戏院（1933 年）、大众影戏院（1934 年）。昆明广播事业始于 1929 年，1934 年出现了第一座无线电广播电台，发射功率 50 千瓦，其发射塔高达 550 英尺。

（五）董泽开篇　庆来大成

1920 年，唐继尧不顾滇中大多数名流、士绅的反对，提出兴办“东陆大学”的方案，1921 年恢复了省政府大学筹备处，任命留美归来的学者董泽为主任。反对者认为，云南教育经费太少，小学没有普及，中学也未办好，不具备办大学的条件。再加上云南军费开支大，根本没财力、没人力办现代大学。唐继尧力排众议，坚决要办。1922 年二次回滇后更是加大力度全力推进，12 月 8 日宣布东陆大学正式成立，由唐继尧、王九龄为名誉校长，董泽为校长。学校定址昆明翠湖北侧原云南贡院旧址，同时决定学校为私立，由省政府每年拨款 26000 元作为补助，其他经费由社会募集。由于唐本人带头捐赠 10 万元，社会各界，特别是那些大企业也都慷慨解囊，很快筹到开办款项，1923 年 4 月 20 日东陆大学顺利开学招生。学校开设文、理、法、工、农、商、医 7 科。开始只招预科生，1927 年起招本科生，但只设文、工科。1930 年改为省立东陆大学，建立了文学院、工学院、教育学院，设立医学专科。1934 年省立东陆大学改名为省立云南大学，进行了院系调整，设立文法学院、理工学院，筹备医学院、农学院，并设云南大学附属中学。1938 年后又改为国立云南大学。

董泽是云南大学第一任校长。董泽（1888—

1972年），云南云龙县人。白族教育家。1922年9月，董泽被任命为东陆大学（云南大学前身）首任校长。董泽主持大学工作期间，不辞辛劳，千里跋涉，亲赴南洋各地，向华侨劝募捐款，逐步增设校舍，购置教学设备，新辟体育场，充实图书馆藏书，为学生创造较好的学习条件。董泽不仅在教育管理方面有建树，在学术上也有很高的造诣。1925年，他获得“法兰西科学院院士”称号。在办好东陆大学的同时，健全并扩大私立成德中学董事会，把该校办成一所模范中学。又于昆明双塔寺创办了云南第一所美术学校，能容纳学生200多人，为云南美术教育打下了基础。1930年云南省政府决定改私立东陆大学为省立东陆大学，停办预科，董泽辞去校长职务。

董泽离开云南大学后，先后任云南教育司长、财政司长、富滇银行总办。当时云南交通十分落后，除滇越铁路外，全省无铁路和公路，发展交通是发展云南经济的首要条件。1923年，董泽受命兼代交通司长，他到任后曾向军政司长马呈报《云南工兵修迤西省道条例》，即滇缅公路的雏形，经省务会议决议，准如呈办理，并指拨军队一部改编为工兵试办。为延揽人才，董泽于1924年5月6日，发电报给在美国费城的何瑶："滇缅路兴工在即，告李炽昌克日回滇。"9月19日，滇西省道路工事处技监李炽昌到职，此外还有留美的段纬、留法的柳法唐等人都是董泽邀请的技术人才。

中华人民共和国成立后，董泽曾任云南省人民代表，高等教育委员会委员，省政协委员、常委，省人民政府参事等职。

熊庆来是云南大学第四任校长。1937年抗日战争爆发，在缪云台、龚自知、方国瑜等人的推荐下，熊庆来接受云南省主席龙云的聘请，出任云南大学校长，为云大的发展做出了巨大贡献。当时的云南大学，只有3个学院，39个教授、8个讲师、302个学生，教学设备简陋，教学质量不高。熊庆来利用抗战初期各方人才大量涌入昆明的机会，广延人才，延聘了全国著名教授吴文藻、顾颉刚、白寿彝、楚图南、费孝通、吴晗、赵忠尧、刘文典、张奚若、丘勤宝、方国瑜等187名专任教授和40名兼任教授，还延聘了一些外国教授，使云南大学成为与西南联大同享盛名的又一处著名专家学者荟萃之地，教学质量因此跃入全国名牌大学之列，被收录进《大英百科全书》；他把云大扩充成 5 个学院、18 个系、3 个专修科、1 个先修班的多学院、多学科的综合大学，学生人数达 1100 多人，1939 年又创办了云大附中；他还不断充实图书教学设备，使图书馆藏书达 10 余万册，理科各系都有比较完善的实验室和标本资料室，医学院拥有附属医院及解剖室，农学院有实验农场，数学系在东郊凤凰山建立了天文台，工学院有实习工厂，航空系有飞机 3 架，这在全国高校中是罕有的；他还亲自作了《云南大学校歌》，制定了“诚、正、敏、毅”的校训，要求每一个学生都要诚实、正直、聪敏又有坚毅的学习精神。在熊庆来对云南大学有高瞻远瞩的发展规划，他在云南大学开建的很多专门学科后来都有巨大发展，如云南大学航空系当时就拥有国内最强的教研队伍和最全的航空教学实验设备，1950 年代北京航空学院组建时，其基本班底就是云南大学航空系。而云南大学所设的工学、农学、医学等专业也在 50 年代分出，先后成为今天的昆明理工大学、云南农业大学、昆明医科大学。在熊庆来的领导下，云南大学成为世界知名大学，在1946年《不列颠百科全书》中，云南大学被列为中国15所世界知名大学之一。

八、中 坚

战略后方　砥砺中坚

（一）全民救亡　同仇敌忾

1931年“九一八事变”后，龙云提出“足兵足实，备战备荒”的要求，计划积谷练兵，10年训练20万新军。为此在昆明成立了编练处，卢汉任处长，马鍃为副处长，在全省实行兵役制。1937年，马鍃代卢汉行编练处处长之责，昆明成为征训全省壮丁储备抗战兵员的中心，为抗战出兵做了巨大贡献。1944年，大反攻开始，前线和后方都需要补充大量兵员和民伕，大量的征训工作都要在昆明的军管区来完成。马鍃恪尽职守，干练有为，使全省征训工作平稳推进。整个抗战期间，云南共编训补充各种兵员35万人次，对当时仅有1000多万人口的云南而言实在是竭尽全力了。

在14年的抗战中云南人民也始终积极投入

抗日救亡和浴血斗争之中。早在1931年9月28日，昆明各阶层人士为抗议日本侵略暴行，闭市一天，志哀国耻。中小学生上街游行示威，沿途高呼口号“全省民众团结起来！”“打倒日本帝国主义！”“一致誓死抗日！”“对日宣战！”这是昆明人民掀起的较早的抗日救亡运动。10月3日，省、市反日护侨救国会召开反日民众大会。这次大会参加者近3万人，除工人、学生、市民外，还有郊区农民6000多人。会后游行示威，并捣毁了日本保田洋行、府上洋行等。

工人群众组织了抗日团体参加斗争。邮电工人组织了“云南邮工抗日救国五人团”；无线电局组织“新闻股”，及时译收传递抗日消息；铁路工人组织了“滇越铁路道区抗日救国总会”，总部设于阿迷（今开远），各车站皆设分会，广泛从事抗日活动。

各学校组织抗日义勇军。省一中学生首先组织“学生义勇军”，誓以铁与血与虏拼搏；呈贡县组织了“童子义勇军”，各地大多仿效组织；东陆大学组织了抗日救国会及义勇军，以为政府后盾；其他各校，如女中、一农、一工、一师、法政、六师、五中、昆师等皆有义勇队组织，有的还组织了“幼童义勇军”。

农民也组织了义勇军，是由昆明市农会出面组织的。

同时开展抵制日货运动。昆明市抗日救国会发表声明，所有车站邮局均由该会派员检查，使日货几乎绝迹。一潘姓商人，继续出售日货，查出后即重罚，一次罚款29万余元。

对东北抗战和上海抗战，昆明人民也给予了巨大支持。东陆医院、云南白药创始人曲焕章等，向东北抗日的马占山部赠百宝丹、撑骨散、虎力散等珍贵药品。昆明市抗日救国会、东陆大学抗日救国会及有关单位纷纷捐款，慰劳前线。省立一中学生每人每月伙食费35元，只用27元，每人每月节约8元，全数捐给上海前线抗日官兵。东陆大学一次给上海第十九路军捐慰问款达1.5万余元。昆明市救国会一次给十九路军捐款3万余元。

（二）东北抗联　讲武三杰

在东北抗联的军史上，有“三位从云南讲武堂走出来的抗联将军”之说，这三人中一个是云南大理县白族人周保中，另两个是朝鲜人杨林（毕士悌）和崔庸健。周保中是讲武堂17期工兵科毕业生，1926年任程潜的第六军少将副师长兼52团团长，次年7月加入中共，1928年赴苏联学习，1931年回国，受中共中央派遣到东北任满洲省委军委书记，到任后起草了《东北抗日救国义勇军游击运动纲领》。从1932年起在东北地区发动抗日武装斗争，组织抗日队伍，1935年2月成立东北抗联第五军并任军长，创建绥宁根据地。1937年10月，抗联第4、5、7、8军改编为第二路军，周任总指挥和吉东省委书记。周保中领导抗联第二路军多次给日军以沉重打击，1940年，抗联部队遭受严重挫折，部队撤入苏联远东地区，改编为苏联红军远东方面军第88步兵旅，周保中任旅长。

杨林和崔庸健都是朝鲜平安北道人，也都是在朝鲜“三一”运动后来到中国寻求朝鲜的复国之路的。杨林1921年6月来到昆明后以杨州平之名考入云南陆军讲武堂第十六期，1924年毕业后进入广州黄埔军校担任学生队上尉队长，毕业后任黄埔军校技术教官。1925年加入中共，任叶挺独立团第三营营长。1927年8月杨林赴苏联学习军事学。1930 年夏回到中国后被中共中央派往东北任满洲省委军委书记，他到延边后发动农民成立工农赤卫队，组织上万名群众举行反日大会，发展赤色武装。1932 年中共满洲省委开始建立党直接领导的抗日武装，同年 4 月，杨林前往磐石地区组织反日大暴动，6 月创立满洲工农义勇军第四军第一纵队。7月工农义勇队发展为4个中队，成为南满游击队和东北抗联第一军的前身。杨林是这支队伍的创始人之一，被军史专家认为是东北抗联的创始人之一。

崔庸健，又名崔石泉，朝鲜平安北道龙川郡人。自云南陆军讲武堂第十七期毕业后进入黄埔军校，任黄埔教导团教官，与许多韩国革命者一起参加了第一次中国国内革命战争。参与广州起义，起义失败，崔庸健率残部撤退到花县，参加了保卫海陆丰的战斗。之后到中国东北通河、汤原从事革命活动。朝鲜领袖金日成在《与世纪同行》一书中曾回忆说："第一次国内革命战争失败了。曾在黄埔军校、广东军校、云南讲武堂等武官学校毕业后参加中国革命的杨林、崔庸健、吴成仑、全光、张志乐、朴勋等许多人，为了躲避蒋介石的白色恐怖也都来到满洲地区。”

在东北14年的抗日武装斗争中，崔庸健与其在云南陆军讲武堂的同期同学周保中共同领导了吉东地区（相当于今黑龙江省牡丹江地区）的抗日游击战争。1935年中共吉东特委将饶河民众反日游击队改编为东北人民革命军第四军第四团，崔庸健任参谋长。第四团官兵中朝鲜人占很大比例。1937年冬，中共驻共产国际代表团指示将东北人民革命军改编为东北抗日联军，共编成第一、二、三路军。第二路军编成后，总指挥为周保中，崔庸健任参谋长。两人是云南讲武堂的同学，又是搭档，情同手足。在二路军中，周保中任命了包括金日成、崔庸健在内的许多朝鲜人担任部队的重要职务。抗日战争胜利后这些人胜利回国，成了朝鲜民主主义人民共和国的开国元勋。1942年抗联撤入苏联后，改为东北抗日联军教导旅，亦称苏联远东红军独立旅，周保中任旅长，崔庸健任副参谋长。抗联余部撤入苏联后，中共东北党委会成立特支，书记崔庸健，副书记金日成、金京石，均为朝鲜人。1945年崔庸健与金日成一起领导创建了朝鲜民主主义人民共和国。1953年任朝鲜人民军次帅，1957年升任元帅。他长期担任朝鲜最高人民会议常任委员会委员长。

除以上三位外，云南讲武堂与崔庸健同期的步兵科学员李启东也是东北抗联的重要人物。李启东，朝鲜平安北道人，1921年与杨林同时来到昆明，同期考入讲武堂步兵科。毕业后到广州黄埔军校任助教，1927年参加北伐，大革命失败后到东北，1930年加入中共，在阿城工作。1932年在珠河县（今尚志县）从事武装抗日活动，1933年与赵尚志创立珠河反日游击队，后任哈东支队经济部长，在筹集经费时被内奸杀害。

“七七”事变后，抗日救亡运动进入了全面抗战的新阶段。由于抗日救亡运动和民主运动的继续发展，特别是内地机关、学校、科研机构、工商企业的迁入，国内各民主党派的领袖人物、知识分子、文化精英汇集昆明，极大地活跃了昆明的民主思想，民主意识空前高涨，而云南地方当局也对民主人士抱以宽容接纳的态度，使昆明逐渐成为抗日大后方的“民主堡垒”。

抗日号角，民族之魂。聂耳（1912—1935）。中华人民共和国国歌的作者聂耳，1912 年 2 月出生于云南省昆明市甬道街 73 号。聂耳的父亲聂鸿仪是甬道街成春堂药店的老板，母亲彭寂宽是傣族。聂耳 6 岁时父亲病故，他母亲聪颖，虽没上过学却跟着丈夫学会了读医书，通过了医生鉴定的考试，获得挂牌给人治病的资格，同时仍兼着成春堂制药、卖药的营生，担负着全家的经济重担。聂耳的母亲喜欢唱民歌，洞经调、花灯调、扬琴调无所不会。聂耳的童年就是在母亲歌声中度过的。

聂耳接受音乐教育时正值昆明在新文化运动后社会意识开化的时代。1919 年，聂耳进入昆明县立师范附属小学，学习非常刻苦努力，成绩经常名列前茅。1922 年春，聂耳进入昆明私立求实小学高小部学习，由于成绩优秀，得到减免学杂费的待遇。他从小就明显表露出对音乐的爱好，先后向其家人及邻居邱木匠学习民族乐器（竹笛、二胡、三弦、月琴等）的演奏，并开始接触昆明本地民间音乐（如滇戏、花灯、洞经调等）。热情投入求实小学的课余音乐活动，曾被选为该校学生自治会会长、学生音乐团的指挥等，并曾荣获该校第一号学生奖状。

1925 年，聂耳考入云南第一联合中学。在校学习期间参加了法籍教师柏希文所开办的英语学会，并向柏氏学习音乐基础理论和钢琴的弹奏，积极参与校内外的业余音乐活动。1927 年秋考入云南省立第一师范学校高级部外国语组，主修英语，并随昆师一附小的音乐教师张庾侯学习小提琴。1928 年 11 月聂耳报名参加滇军范石生所招收的“学生军”，秘密离开昆明，途经越南、香港等地，到达湖南的郴州，接受新兵训练。当年底，离开新兵队，任特务连的上士文书。

1929 年 5 月因部队遣散，从广州回昆明省立第一师范插入原班继续学习。与张庚侯、廖伯民等友人组织九九音乐社，并参加该校戏剧研究会所举办的一系列中文话剧的演出活动。1929 年 7 月，昆明发生军火库大爆炸，市民死伤众多，群情激愤，聂耳也积极参与了青年救济团反对龙云当局的活动，引起当局的注意。在毕业（1930 年）前夕，得悉他有被捕的危险，在其家人的帮助下于 7 月 10 日匆匆逃离昆明，1930 年 7 月到达上海，在云丰申庄从事杂役性的工作。1932 年 11 月进入联华影业公司工作，参加“苏联之友社”音乐小组，并组织“中国新兴音乐研究会”，参加左翼戏剧家联盟音乐组。1933 年，聂耳由田汉介绍加入中国共产党。1934 年 4 月聂耳加入百代唱片公司主持音乐部工作。1935 年初，聂耳任联华二厂音乐部主任，其间，聂耳为《义勇军进行曲》作曲，随后为躲避当局追捕，去日本学习，溺于日本腾泽的谷沼之海，年仅 23 岁。

聂耳的作品中很多都源于他在昆明时期的音乐学习和生活体验，如《翠湖春晓》《金蛇狂舞》等，前者的主调是以昆明民间洞经音乐曲牌《宏仁卦》的旋律为素材演变过来的，真切表现了聂耳母校附近的翠湖晨曦之美。而后者更是集洞经调、扬琴调和江南《老六板》《倒八板》的元素于一体，反映了故乡人民在喜庆活动之际的狂欢热闹气氛。

（三）抗战军兴　辟路通航

1937 年全面抗战开始后，国共关系也发生了重大的变化，建立了以第二次国共合作为重要内容的抗日民族统一战线。7 月 28 日，云南省政府主席龙云发表讲话表达了抗战的决心，在出席南京国防会议期间再次表示代表云南 1300 万民众抗战到底的决心。会后，龙云将滇军约 4 万人编成国民革命军第 60 军，开赴抗日前线，并表示将继续招募民众，编练精兵 20 万，不断补充前线。

10 月初，60 军在昆明誓师后长途跋涉 4000 余里，步行 40 余日，到达湖南长沙，然后奉调南京。部队尚在途中，南京沦陷，乃返回武汉待命。卢汉率 60 军到武汉时，军容整齐、士气旺盛，蒋介石命部队绕闹市一周，以示中国有如此训练有素的军队可投入战斗，以安定民心。此时，“滇军素质已成全国之冠”。滇军在武汉游行时，德国顾问观看后，曾惊奇地对蒋介石说：“卢汉率领的滇军是你们中国的骄傲，最有力量的部队。”

60 军到鲁南后，归第五战区司令长官李宗仁指挥。当 60 军先头部队到达归德车站时，李宗仁即命 60 军接守台儿庄。4 月 22 日拂晓，当 60 军渡过运河，正向指定地点集结时，日军以步兵两个联队四五千人，炮 30 余门，坦克 20 余辆，迅速从缺口处突入，向 60 军前锋部队发起进攻。

60 军先头部队 183 师尹国华营仓促应战，与敌人在耿庄、陈家坊一带激战三昼夜，为后继部队争取了时间,得以展开作战,打退敌人多次进攻。而尹营500余人,除一名士兵生还外,其余营长以下全部壮烈牺牲。

卢汉为了确保台儿庄,将主力移往禹王山阵地。禹王山是台儿庄地区的制高点,大运河距禹王山只有400米左右。因此,全军以确保禹王山为重点,以阻止敌军渡过运河为目的,坚持了20多天的阵地战,粉碎了敌人渡过运河威胁徐州的企图,使矶谷师团遭受重大损失。滇军亦伤亡过半。

禹王山战斗,是抗战时期滇军英勇抗战的一座丰碑。蒋介石、孙连仲曾多次致电卢汉,对滇军英勇作战表示嘉奖。

8月,云南新编成第58军和新3军,连同已经补充兵员的第60军,组合为第30军团,卢汉任军团长。接着,他率部参加保卫武汉的战斗。,抗战开始一年后,滇军即有3个军22万人活跃在抗日战争的第一线。

1940年9月以后,日军占领河内,危及滇西、滇南。60军调回云南,成立滇南作战军,以卢汉为总司令,驻昆明。1945年初,滇越边区总司令部改编为陆军第一方面军,辖第1、第9两个集团军，卢汉为总司令。

从1940年到1945年，日军陆续攻占了东南亚和缅甸；形成了对中国西南战略后方和抗战中枢重庆的钳形攻击态势。云南军民奋起抗击先后在滇南保卫战和滇西保卫战中将来犯的日军拦阻于国门之外和怒江以西，有力地拱卫了在重庆的国民政府。

在全面抗战的8年里，云南共动员征调丁兵民伕40余万奔赴抗日前线，昆明仅宜良一县前后就有8万余人参军参战。同时，昆明妇女也积极组织起来，不仅做好后方动员，加入民防空防，而且组成由青年女子参加的云南女子战地服务团直接奔赴台儿庄等前线，担负战地通讯和救护任务。

抗战期间，昆明各大、中学校包括西南联大在内的内迁院校师生积极响应国民政府“十万青年十万兵”的动员令，投笔从戎，参加中国远征军等部队赴缅印战区作战。其中仅西南联大一校前后就有800余人参军。昆明的抗日救亡运动也有了新的发展，成立了公开的“云南抗敌后援会”“民众歌咏团”“云南青年抗日先锋队”“中华民族解放先锋队云南地方部队”等，大力推动抗日救亡运动。

随着战争的进展，西南地区的抗战大后方的地位和作用日益显露出来，原先设于华东、华北、华中、华南的许多政府、文教机构和重要工矿企业纷纷内迁西南，西南地区的若干城镇成为主要的内迁单位集中地。而昆明由于其特殊的区位及交通条件，成为内迁单位的重点地区，各界人士的聚散地，并且成为抗战时期大后方的战略要地。这种战略大后方的地位，表现为：第一，昆明是支援前方抗战的重要基地之一。随着抗日战争的深入发展，沿海及中原地区大片国土丧失，西南地区成为坚持长期抗战的重要基地，西南地区的重要城镇更成为其中坚，昆明即为其中之一。它不仅是支援抗战的坚固据点，而且是沟通、联系、聚集整个后方综合力量的关键所在。在整个抗日战争时期，昆明都是集合云南综合实力、实施抗战建国的中坚城市。第二，昆明在抗战中起着内引外联、沟通内外的重要战略枢纽作用。在华北、华东、华南大片国土相继沦陷后，中国与国际社会的海上联系被切断，中国的抗日战争面临被日本帝国主义从空中和海上进行封锁、包围的战略态势。而国际社会的援助是支持中国长期抗战的重要力量之一。在这种情势下，只有从东南亚方向建立国际战略通道，才能尽快获取国际社会的有效援助，而云南就是位于与东南亚联系的战略通道的必经之地，昆明又居于这些战略通道枢纽的位置。先是滇越铁路，后是滇缅公路，再后是驼峰航线，还有中印公路，这些线路都是以昆明为起点（或终点），对支持中国的抗战事业起了极其重要的作用。第三，昆明还是抗日战争军事战略关键地区之一。抗日战争进入相持阶段后，国际援助成为影响中国与日本力量消长的最为重要的因素，昆明在对日军事战略格局中的支撑性地位更加突出。昆明是抗战大后方，同时在一定程度上也是抗战大前方。太平洋战争爆发，昆明作为国际援助的门户和后方战略枢纽，不仅要抗击日本飞机的狂轰滥炸，还要策应和支援滇西和滇南战场，昆明是整个滇西战场和远征军出国作战的战略后方和指挥中枢。随着战事的进展，昆明集中了相当一部分军事指挥中心，如中国陆军总司令部、中国远征军总司令部、第五集团军、驻滇美军、军事委员会昆明行营等。

昆明在抗日战争的战略地位表明，昆明已从过去一个相对封闭的内陆高原城市，快速地转变为一个连结南亚东南亚的区域性国际城市，成为远东地区的重要的战略节点。这种开放、变迁的态势，标志着昆明城市的发展已进入了一个新的阶段。

（四）六十蛮女　战地救伤

1937 年 10 月 5 日，60 军将士全副戎装站立在昆明巫家坝的停机坪上，举行隆重的誓师出征大会，卢汉军长带领将士高声宣誓："以牺牲的决心，作破釜沉舟的抗战！"誓师大会刚一结束，一支全部都由妇女组成队伍出现在昆明街头。原来这是由云南省抗敌后援会和妇女会组织的妇女出征抗敌请愿游行。游行队伍以女学生为主，开始时只有几百人，走过几条街后，人越来越多，最后形成了一支 4000 多人的庞大队伍，浩浩荡荡地奔向省政府所在地五华山。省政府主席龙云在光复楼前会见了请愿队伍，他盛赞要求出征抗敌的妇女是云南新时代的花木兰，同意组建云南妇女战地服务团随军抗日。

经过两天酝酿，从报名的女生中，选出 60 人组成战地服务团，团员大部分由昆华女中的学生组成，年龄最大的 25 岁，最小的才 15 岁。团员们自费集中于西山华亭寺进行训练，主要科目为爬山、射击、游泳、战地救护等。一个多月后，服务团接到云南省政府的命令，让她们开赴抗日前线。

1937 年 12 月 13 日上午，云南妇女战地服务团从昆明出发，经过 9 天的旅程，到达湖南。60 军驻长沙办事处通知服务团暂留长沙，驻水绿洲集训，并参加当地野战医院服务。1938 年元旦后，服务团离开水绿洲，来到 60 军驻地湖北纸坊，受到 60 军军长卢汉的接见。卢汉为了让她们掌握更多技能和知识，委托汉口女青年会指定平汉医院为服务团学习医护知识的实习医院。服务团集训结束即到湖北孝感花园参与 60 军整训。

1938 年 4 月下旬，60 军奉命参与鲁南第二次会战，服务团也随军服务。在台儿庄激战正酣时，这些英勇的云南姑娘，为鼓舞子弟兵的士气，冒着枪林弹雨，带着云南父老捐给前线将士的慰问品，满身征尘爬进战壕。卢汉军长激动地说：“你们这些小姑娘，冲到前线打鬼子，很好很好。”

车辐山军医处，设在陇海铁路的一个小车站上，地处战略要冲，滇军与日军在战场上反复冲杀争夺，部队伤亡极大。伤员们成十成百地被抬到这里，躺在露天呻吟，无处安身。服务团的姑娘一到，马上把打谷场、牛棚等可利用的场地平整打扫干净，铺上稻草，给伤员打针、包扎、喂水喂饭，以娇弱的身体全力背负着比她们重得多的男人，尽快地将伤员抬上开往后方医院的火车。她们每天穿梭在隆隆的炮火声、伤员的呻吟声和伤口的腥臭中，安抚着受伤将士。

从 4 月 22 日至 5 月 19 日，日军占领徐州，60 军在陈瓦房、刑家楼、五圣堂、禹王山等地与日军血战 27 天，成功阻止了日军迅速南下占领台儿庄的意图，并掩护数十万友军撤退，最后向徐州突围转移。在这 27 天的血战中，60 军打出威风，名声大振，被称为“国之劲旅”，连日军中都有南蛮兵凶猛刚勇的传言，惧怕与滇军对战。服务团的女兵也被日本兵称作“女南蛮”。当姑娘们得知后，当即赋诗“古有花木兰，今有女南蛮。奋起保国家，解放又何难。”而深入战场一线救死扶伤的云南妇女战地服务团，也成为台儿庄战役中鼓舞士气的最独特的亮点。昆明妇女出征抗敌的60名团员，都是抱着抗战到底的决心出发的，到长沙不久，有6名团员去了延安，其余队员则紧随滇军60军、58军转战各地，足迹遍及贵州、湖南、湖北、江西、河南、山东、江苏、安徽、浙江、广西等省。1942年初，经过5年的沙场历练，服务团顺利返滇。

在民族危机的紧要关头，云南妇女出征抗敌的英勇壮举，在中国的抗战史上写下了光辉的篇章。

抗日战争全面爆发后，僻处西南边陲的云南，与整个中华民族的生死存亡密切地联系起来，与中国人民的抗战事业联结在一起，同呼吸，共命运。作为云南全省政治、经济、军事、文化中心的昆明，历史地参与到整个时代的抗日救亡大潮之中。

（五）战略枢纽　转运四方

全面抗战爆发后，我国沿海港口逐步被日军封锁和占领，重要的国际通道只有西南的滇越铁路一条。抗战初期，滇越铁路对于疏散华东、华南的人员、物资及抢运外国援华物资、军火发挥了重要作用。北京大学、清华大学、南开大学之所以迁到昆明组成西南联合大学，最初的动因之一就是昆明有滇越铁路与国际相连，资料、仪器设备容易运进来，这对于办学是重要的。1938 年和 1939 年，滇越铁路的货运量和客运量都达到了通车以来的最高峰。昆明作为滇越铁路的终点站，其地位是可想而知的。昆明不仅是许多重要物资、人员的中转站，而且也是安置内地迁滇人员和厂矿、机器设备的重要基地，这对昆明城市的发展也起了重要的促进作用。然而，随着战事的演变和滇越铁路被日军切断，中国不能不考虑另外的对外通道，于是滇缅公路的修筑提上了日程。

早在全面抗战爆发之初，龙云出于抗战战略的考虑，即向国民政府军事委员会委员长蒋介石提出加紧修筑滇缅公路和滇缅铁路的建议。蒋介石支持这一建议。国民政府遂决定先修筑滇缅公路，筑路费由中央政府和地方政府各负担一半（中央政府为此拨款 200 万元），施工力量由云南省政府组织，1937 年 12 月正式动工。经过 8 个多月的艰苦奋战，工程技术人员和云南筑路的各族民工克服了重重困难，终于完成了这一工程。它是世界交通史上最为艰巨的工程之一。

滇缅公路从昆明往西经下关、保山、龙陵、瑞丽（后改为畹町）至缅甸八莫，与缅甸原有的腊戍—八莫公路相接。滇缅公路在云南境内总长959.4公里，其中昆明至下关段长411.6公里，原已有毛路；下关至畹町段长547.8公里，完全为新建路段。8个多月建成这条900多公里的在崇山峻岭中的公路，被认为是世界奇迹。

滇缅公路的建成对抗战发挥了全局性战略作用。公路通车之际中国军队正在武汉与日军展开会战，根据以往经验，中国军队由于武器弹药等后勤物资供应困难，最多只能坚持一两个月，日军因此制定了速战速决的计划。但滇缅公路通车后的第一批军用物资被紧急运往前线，为中国军队提供了急需的补给，使会战时间坚持到四个半月，粉碎了日军以速决战灭亡中国的企图，抗日战争从此转入战略相持阶段。1938年以后，滇缅公路成了中国大后方几乎是唯一的陆上国际交通线，它不仅是抗战时期西南的动脉（拟议中修建的滇缅铁路因故未能完成），更是支撑中国军队在战略相持阶段与日军对抗的砥柱中坚。滇缅公路的通车，更使昆明处于一种空前的开放状态之中，成为中国西南地区交通运输的重要枢纽和具有国际影响的城市。

1942年5月，日本从缅甸入侵我国滇西地区，滇缅公路被切断，代之而起的是一条空中走廊——驼峰航线。驼峰航线是从印度飞越喜马拉雅山到昆明的艰险的航线，它是在滇缅公路被切断后，中国对外联系的几乎是唯一的国际交通线。在它存在的3年（1942—1945年）多时间里，中国航空公司和美国陆军航空队通过这条航线运送给中国的物资达6.5万吨。而从当时的驼峰航线的空运成本看，每空运1吨物资需要耗费8吨物资的成本，这是一条不计成本的航线。

1945年初，随着缅北反攻战和滇西抗战的胜利，中印公路（又称史迪威公路）打通，由利多分两条线进入中国，与原滇缅公路相接。中印公路是抗战最后阶段的一条重要交通线，为大反攻的到来提供了充足的物资保障。

驼峰航线和中印公路的终点站（或起点站）都是昆明。两条通道的先后开辟，对进一步扩大中国与国际社会的联系，获得国际援助，增强中国的抗战能力和昆明在抗战中的地位，都是十分重要的。为了有效地将驼峰航线和中印公路运来的大批物资尽快地中转、输送到各前线战区，昆明的市政配套设施不得不加快建设，形成公路和航空运输的物流枢纽。抗战期间，由昆明到内地的西南公路建成，由昆明到云南各主要城镇的航线开通。到抗战胜利时，云南全境已建立53个支线机场，民航开通了6条国内线路和昆明至香港、河内、加尔各答的国际航线。这些项目的建设和使用都曾倒逼昆明加快城市布局和功能结构的现代化改造，从而促进了昆明城市的发展。

（六）抗战建国　规划希望

抗战时期，由于战区同胞、机关、学校、工厂不断迁滇，华侨义民回到云南，以及军队的开入、盟军及技术人员的来滇，这样先后涌入云南的总人数在百万以上。而昆明的人口，自民国初年徘徊于10万左右，到这时猛增到30万人左右。人口的迅速增加，对市政建设提出了新的要求。

为适应昆明城市建设的发展，需要对昆明的城市建设做出总体规划。1939年，在抗战建国的总体思想指导下，由昆明市工务局局长丁基石等人设计、绘制成《大昆明市规划图》，图长 2 米、宽 1 米，主要内容包括：①以滇池为中心，沿滇池周围各县，均为大昆明市的范围。②修筑环湖道路与昆明市区及环湖各县区相联系，形成全市区的主要陆上交通网络。同时规定了沿滇池的重要码头位置和水上航线。③扩大后的市区范围，按原有县区作了简单的功能划分，标明了沿湖各主要名胜古迹和风景点，确认沿湖为游览与疗养地带，从而相应地对沿湖新建项目作了必要的控制。④标明了与滇池水源进出有关的主要河流。

不久，唐英继任昆明市工务局长，又在《规划图》的基础上，写成《昆明市建设纲要》，对昆明城区的市中心区，作了初步功能分区和城区道路规划。

《规划图》和《建设纲要》虽然还不够清晰，但它们是运用当时西方先进的城市建设科学为理论工具，结合昆明环山临水的实际环境而设计的一个中国近代城市规划的重要成果，为昆明城市的发展朝着科学化的方向和目标迈进，做出了一个良好的开端。

根据这个规划，昆明市政府对城市总体布局

和街道进行了调整改造，开辟了连通城市东西方向的南屏街，并拆除近日楼至护国门的城墙，利用城墙和护城河基底，建设道路和两侧临街建筑。由于昆明工商界积极支持，南屏街的开辟，很快完成，直到今天仍是昆明的主要金融、商业街道。

南屏街两侧的临街建筑，主要有兴文银行（今百货大楼）、重庆银行、侨民银公司、云南实业银行、劝业银行、昆明市银行、中央银行以及高级服装店、高档商品店、餐厅、酒吧、新式理发店等。这些建筑物体现了当时沿海城市临街建筑的特点，为昆明城市建筑增加了新的特色。

继南屏街之后，又开辟了从南而北贯通南屏街和宝善街的两条短街，即新祥云街和晓东街。这里有3家电影院集中于此地，显得颇为繁荣。新祥云街有昆明戏院、美丰银行（5层楼）、国庆大楼（6层楼，为陈纳德第十四航空大队办公大楼）；晓东街原为朱晓东的私产，因兴建南屏电影院而开辟出来，街道不长，却开设了许多高档商店，出售主要从美国进口的烟酒、化妆品、名贵衣料、珠宝玉器等，还有餐厅、舞厅、酒楼、酒吧。

为了适应人口的增加，兴建了若干新式小区式住房，如“篆塘新村”“靖国新村”“吴井新村”等。同时兴建了一批公共建筑，较为著名的有南屏电影院和人民胜利堂。

南屏电影院又称南屏大戏院，是抗日战争时期昆明建设的一座现代化的影剧院，由著名建筑师赵琛设计，观众厅的地面采用曲线，能降低门厅入口高度，又能满足视线要求，从而减少了一般影剧院进入正厅的踏步。立面造型限于地基较小，采用不对称手法，正面用大面积弧形玻璃，并与侧面竖向墙面（影院名称标语牌）巧妙地结合，形成了虚实墙面和横直线条的对比与协调。影院有座位1400个。与当时全国的豪华影院，如南京“大华电影院”、上海“大光明电影院”等相比较也不逊色。

人民胜利堂是抗战后期昆明兴建的一座以大礼堂为主，多功能的大型建筑。最初名为“志公堂”，建成后改为“抗战胜利堂”，1949年后改为“人民胜利堂”。胜利堂的特点是，充分利用地形，采用中国传统古建筑的造型与布局，使用现代建筑材料和钢筋混凝土的结构，空间大，坚固实用，宏伟壮观，是当时昆明最高规格的大会堂。

市政建设发展的同时，社会公用事业也有了发展。第一，邮政事业的发展。抗战时期，仅昆明邮政职工即超过千人，邮局也从原有的两个局增设了文明街、华山南路、大兴街、东寺街、南屏街、金碧路、青云街等7处支局。邮路既包括原有的驿传，也包括铁路、公路和航空；还设立了军邮局，随部队移动，往往达于作战前线。由于军邮与民邮合作，使军邮成为中国邮政史上颇有成就的措施之一。此外，邮政还兼办储金、汇兑、寿险、代售印花税、代购书籍等业务，抗战后期还代理国库收取各项国税。第二，开展电报业务和无线电事业，扩大电话业务，到1943年全市电话容量已超过千门。第三，卫生事业也有发展，新建了省立昆华医院、省立民仁医院、昆明市医院、云南大学医学院附属医院、军政部军医学校西南教育班附属医院、云南陆军医院平民住院部等。第四，电影事业也有所发展。战前昆明仅有“大逸乐”“大众”两家电影院，抗战以后又陆续修建了大中华逸乐影院、南屏电影院、大光明戏院、大众电影院、昆明戏院、长城戏院、祥云戏院、社会剧场、西南戏院。影片既有国产片，也有外国片，尤其是美国片。第五，防空与医疗救护以及警务工作都有了较大的改善，昆明社会治安状况也较为有序。在抗战时期，没有发生重大的恶性事件，树立了昆明在国内和国际上的良好形象。

（七）战时经济　紧张繁忙

抗日战争全面爆发后，国民政府为保护民族工业，动员了大批沿海、内地工矿企业内迁西南，政府给予鼓励和补助，这样掀起了迁移西南的热潮。在内迁热潮中，川滇黔三省成为迁移的重点。

1937—1938 年间，国民政府资源委员会副主任钱昌照多次飞昆明，与云南省政府主席龙云、云南省经济委员会主任委员缪云台协商，达成了由资源委员会同云南省政府在滇合办厂矿企业的协议。

在一年多的时间里，双方在云南合办厂矿企业 7 个，加上的内迁昆明工厂企业，此后一个时期成了昆明历史上工业化的“黄金时代”。到 1940 年，昆明已发展成为与重庆、川中、广元、川东等地并称的西南大后方 8 个工业中心区之一，是战时重要的经济支柱和工业支柱。就在1940年，昆明地区的主要工厂企业已达80个，仅次于重庆和川中，居西南第三位。其中机械制造工业11个，冶炼工业6个，电器工业7个，化学工业25个，纺织工业18个，其他工业13个。门类较为齐全。重要的企业工厂有：昆明电冶厂、云南五金器具制造厂、裕云机器厂、中央机器厂、中国电力制钢厂、二十二兵工厂、五十一兵工厂、云南纺纱厂、西南联大机械厂、昆明化工材料厂、昆明水泥厂、云丰造纸厂、昆湖电厂、明良煤矿、空军第一飞机制造厂、中央电工器材厂、云南钢铁厂（今昆明钢铁总公司的前身）等。昆明城市工业基础大大加强，工业化的步伐大大加快。

工业化步伐加快的同时，昆明的金融、保险、商业也相应地发展了。

抗战前，云南全省有银行（银号）8家。“七七”事变后，内地金融企业内迁，昆明金融业有了新的发展。到1942年初，昆明市有银行（金融公司）28家，其中中央系统银行6家，省外银行15家，云南地方银行6家，外商银行1家。到抗战末期，昆明银行、金库和银公司已达48家，按出资性质来分，有官办银行13家，商业银行35家；以总行所在地来划行，云南帮14家，四川帮13家，江浙帮7家，山西商业银行1家。抗战时期昆明金融业飞速发展，极大提升了昆明对西南和东南亚的经济辐射能力，香港、仰光、河内、西贡、加尔各答的银行都与昆明金融机构有业务联系，有力推动了昆明的城市化水平。

伴随金融业的发展，保险业也有了相应的发展，抗战时期昆明保险公司多达15家。

与工业、金融业发展相适应的是商业的发展。商业高度繁荣，首先表现为大量资金的投入和商号的增加。昆明商号抗战前约0.2万家，而到1945年登记领取执照的商家达1万家，未领取执照的商家尚未统计在内。其次，各商号的经营方式和经营规模有了进步和发展，普遍采取了现代商业的形式进行组织、经营、管理。经营茶叶出现了“云南中国茶叶贸易有限公司”，设立了董事会，组织较为完备。规模较大的商号“永茂和商号”，实行股份制，使业务发展迅速，遍及昆明、下关、保山、腾冲等地。再次，强化国内外的联系，内引外联，重视规模经营，从而使商业经营进入一个新的层次。如昆明德利新记商号，经营桐油出口贸易，就很注意内引外联，使昆明成为当时全国桐油出口的唯一口岸。

抗战时期，昆明工业、金融业、商业的迅速发展迅速，使昆明在云南和西南地区的经济作用进一步强化，也使昆明作为区域性国际城市的特征逐步显露。

（八）缪公理财　实业兴邦

提到云南和昆明在抗战中的经济建设，不能不提缪云台（1894—1988）。缪云台，云南昆明人，1913 年，获官费赴美国留学。他在堪萨斯州西南学院、伊利诺伊大学、明尼苏达大学均学矿冶。1918 年毕业，在纽约供职钢铁公司。1919 年 10 月，缪云台归国回乡。不久，被唐继尧任命为个旧锡务公司总经理。那时锡务公司财务亏损，但缪清理债务，采用西方新技术，公司面貌大为改观。1924 年，任云南富滇银行会办。1928 年 1 月，龙云任云南省政府主席，次年 5 月，缪被龙委任命为省农矿厅长兼省政府委员。1930 年秋，任云南省整顿金融委员会委员长。1931 年，日本占领东北后，云南开始加快建设准备抗战，1932年冬，缪云台任云南炼锡公司总经理。在缪领导下，滇锡品质大幅度提高，达到国际市场的标准。1934年春，缪任富滇新银行行长。缪把以鸦片为中心的省金融体系变成以滇锡为中心的体系，而且富滇新银行发行的纸币（新滇币）的币值也日趋走强。同年12月，龙云创设云南全省经济委员会，缪任常务委员会主任委员，为发展地方实业做出了贡献。抗战全面爆发，云南省成为大后方，以物资支援前线，这方面缪的功绩也较大。1934年缪出任富滇新银行行长时，正值滇省财政极为困难之际，为准备抗战，省政府有人主张增加盐税、田赋与厘金，缪云台表示反对，并建议成立进口货特捐局，对进口货如洋纱、洋布、洋药与洋油等征收特捐。得到当局同意后，外商提出抗议，但缪云台不为所动。结果，云南地方当局收入了一笔巨款，为整顿滇省财政，开办富滇新银行打下了基金。当时，云南的外汇收兑业务一直由法国东方汇理银行所垄断。他们利用代理关税等所收入的滇币，从中国出口商手中收兑外汇，做无本生意。该行不仅控制了云南的外汇，而且发行的越币，通行于云南的富州（今富宁县）、广南、文山等地，严重破坏了滇省金融。此时，经缪云台建议，云南省政府于1933年5月发布命令，禁止越币在滇省境内使用。

出任富滇新银行行长以后，缪云台首先清除仓库中的鸦片，撤销了鸦片生意办事处，随后实施外汇管理，采用“跟单外汇”的方法，争取个旧厂商把大锡外汇卖给富行。厂商将大锡出售后，外汇只能卖给富滇新银行，而不能卖给东方汇理银行或其他外商。外汇管理办法实行以后，东方汇理银行通过法国驻安南（越南）总督命令海关控制过境的云南出口货物，致使滇省货物出口发生很大困难。滇省当局拟向东方汇理银行让步，缪云台反对，他说：“法国人用铁路来卡我们，无非是逼我们回头去过光绪三十四年前的日子。我们可利用牲畜驮运大锡，法国人是难不倒我们的。”缪云台的强硬态度，让滇越铁路公司因铁路货运锐减，收入大受影响。最后，滇越铁路公司出面调解，东方汇理银行表示让步，而富滇新银行则按优惠价格，供给滇越铁路和东方汇理银行外汇。

1937 年抗日战争爆发后，滇缅公路已从昆明修筑到大理附近的下关，为修通下关至畹町段，缪云台与英国驻昆明总领事数度磋商。谈判时，英籍总参议怀疑我方修通下关至畹町段的能力，尤其不信我方工程能在一年内完成，缪老给了详尽而肯定的回答，最后双方达成协议。缪云台为了解路工难度，乘小车循土路，从缅甸眉苗直至我国芒市，勘察地形，又折回仰光，催促缅方早日兴工。随后立即返回昆明，向云南省当局报告，并请即日动工。

1938 年底，这条公路终于修成，1939 年初全线通车。这是成千上万民工满怀爱国激情做出的成绩，缪云台也贡献了自己的力量。

（九）战时文教　担当大道

1937 年“七七”事变不久，日军的铁蹄踏进了清华园，踏进了未名湖（北京大学），为保存中国的文化力量，减少文化教育事业的损失，国民政府决定，将内地和沿海地区的重要大学和研究机构西迁。高校内迁几乎与抗战 8 年相始终。内迁高校比较集中的地方是重庆、成都和昆明。

抗战初期迁来昆明的高校中，最著名的是北

京大学、清华大学、南开大学西迁后组成的西南联合大学。3 所北方著名大学奉教育部命令，先迁湖南长沙，合组为国立长沙临时大学，设法、理、工学院于长沙，设文学院于南岳。但开学不久，南京失守，武汉震动，飞机开始轰炸长沙，为确保安全，长沙临时大学又奉命迁往云南。临大迁到云南后，正式改名为国立西南联合大学，于 1938 年 5 月 4 日恢复上课，1940 年一度在四川叙永设立分校。

西南联大设文、法商、理、工 4 个学院。迁滇之初，由于校舍不敷使用，文、法商学院暂设于滇南蒙自，租借蒙自海关、法国领事署及法国医院旧址为校舍。理、工学院设于昆明，租借昆明西门外昆华农业学校为理学院校舍，租借拓东路迤西会馆、全蜀会馆为工学院校舍，同时在城西北购地建设校舍。1938 年文、法商学院迁回昆明，不久又增设师范学院。

西南联大在昆 8 年，先后在联大执教的教授有 290 余人，副教授 48 人；前后在校学生约 8000 人，毕业生有 3800 人，从军旅者 800 余人。西南联大在昆明 8 年间取得了杰出的成就，培养了大批对中国现代科学技术的发展，对中国传统人文科学的继承和发展具有开创性贡献的大师级人才，成为世界教育史上的奇迹。西南联大的成就是与它高举民主与科学的旗帜分不开的。浓厚的民主与科学的精神，是联大“以其兼容并包之精神，转移社会一时之风气，内树学术自由之楷模，外来民主堡垒之称号”的根本。西南联大还由于其大师云集，名流荟萃，成为大后方著名的“学术重地”和“文化重镇”，从而对昆明城市的发展和文教事业的发展，都产生了重要的影响。

内迁昆明的高校还有中法大学、同济大学、国立艺专、中央航空学校等。

私立中法大学迁昆，租用的是北门原南菁中学旧址作大学部校址，在昆明西山脚租房办起了中法大学附中，并逐步建筑新校舍于西郊黄土坡，于1939年暑期全部迁昆。

上海同济大学在抗战开始后，曾几度迁移，直到1939年春第五次迁移到了昆明。由于房屋紧张，同济大学迁昆后，分散在市区各处12个地方。1940年冬，考虑到学校太分散，同济大学迁往四川南溪县李庄镇。

在内迁学校的影响下，地方教育也有了巨大的进步。1937 年夏，著名数学家熊庆来受聘任云南大学校长，力图革新，强化管理，对云南大学的发展起了重要作用。1938 年 7 月，云南大学正式改为国立。1937 年，云南大学仅有理、工、文 3 个学院，49 名教师，302 名学生。后逐渐扩大为文法、理学、工学、医学、农学 5 个学院 18 个系和 3 个专修科，教师增至 307 人，学生增至 1100 多人，教学科研取得了重要成就，从而跻身于当时中国重要大学之列。

抗战时期云南地方所办高校，尚有省立英语专科学校、省立体育专科学校。这两所学校规模虽不大，也为云南培养了不少人才。

普通中学、中等师范教育、中等职业学校以及社会教育都有了发展。到 1945 年，仅省立中学就有：省立昆华中学、省立昆华女子中学、省立云瑞中学、省立富春中学、省立龙渊中学。省立师范学校有：省立昆华师范学校、省立昆华女子师范学校、省立昆华体育师范学校、省立昆华艺术师范学校、省立小坝女子简易师范学校、省立昆华乡村师范学校。省立职业学校有：省立昆华高级工业职业学校、省立昆华高级农业职业学校、省立昆华高级护士助产职业学校、省立昆明商业职业学校、省立庆云初级工艺职业学校等。

小学义务教育也在昆明城区初步得到普及，全市适龄儿童大部分都能入学。

九、转 折

（一）民主堡垒　热血贲张

昆明是一座具有民主革命光荣传统的城市。辛亥重九起义、护国首义，昆明都扮演了辉煌的角色。自 1931 年“九一八”事变以后，昆明的全民抗日救亡运动陆续掀起。1937 年“七七”事变后，抗日救亡运动更形成了新的高潮。西南联大等大批学校和科研文教机构南迁昆明，爱国师生和民主人士聚集，各民主党派的领袖人物汇聚，带来了现代大学的学术理念和办学思想，带来了求实精神和民主学风等优良传统。随着抗日民主运动的发展，昆明逐渐发展成为抗日大后方的民主堡垒。

1939 年 1 月，以周恩来为首的中共中央南方局正式成立。南方局加强了争取后方各地实力派的工作。龙云作为云南省政府主席是西南地方实力派的重要代表人物，是南方局重点争取、统战的对象。龙云在中共抗日民族统一战线的影响下，对昆明的民主运动采取了支持的态度。尽管1941年皖南事变后，国民党政府掀起反共高潮，云南民主运动也受到影响，但龙云支持民主运动的态度始终没变，继续与民主党派和民主人士保持频繁的接触。

1942年初，昆明爆发了“倒孔”（打倒孔祥熙）运动，2000多学生上街游行，通电声讨孔祥熙和国民党政府的腐败，冲破了皖南事变后国统区实施的高压政策，成为抗战后期大后方爱国民主运动高涨的先声。

1944年5月、7月、10月、12月，昆明民主力量利用各种纪念日，举行各种形式的纪念会、座谈会、示威游行，要求实行民主，昆明民主浪潮一浪高过一浪。

龙云也在这个浪潮中，于1944年底秘密加入了民主同盟。

1945年5月1日，昆明各界为纪念五四运动在云南大学至公堂举行音乐晚会，盛况空前。学生们高唱《民主青年进行曲》《黄河大合唱》，以抒发战斗激情。5月3日晚举行了纪念五四以来的青年运动大会，大会决定次日举行游行示威。5月4日下午，几千人冒雨在云南大学操场集会，高呼“立即结束国民党一党专政！”“建立联合政府！”“取消特务！”等口号。学生们从云大出发，游行遍及昆明各大街道。游行队伍由七八千人增至一万人。这次集会后，正式成立了昆明学生联合会。

昆明民主运动的高涨说明，昆明不仅是大后方的民主堡垒，而且也是抗日战争以后民主运动继续发展的前方。

（二）十月事变　蒋露凶光

1945年8月15日，日本宣布无条件投降，卢汉奉蒋介石之命，率第一方面军全部开往越南，接受日军投降。9月20日，卢汉率领第一方面军总部人员直飞河内，9月28日在河内总部（原法国驻越南总督署）举行了受降仪式，接受日军投降。同时，卢汉发布《中国陆军第一方面军布告》，自这一日起，接收工作在卢汉司令部主持下全面开始。

与此同时，为集中力量对付共产党，蒋介石

决定先解除已成为后顾之忧的云南龙云政权。

当时，龙云对云南军队几乎全部入越受降，颇为疑虑。一方面，打败日本侵略军，接受其投降，是光荣的、义不容辞的；另一方面，蒋介石中央军麇集云南，特务密布全省，又不能不有所戒备和防范。中共云南地下组织代表，以及龙云亲信部将张冲等人，都曾劝告龙云要保持高度的警惕。

鉴于云南境内滇军空虚，龙云一方面要求留下 3 个师，留守昆明（蒋介石同意暂编第 24 师移驻昆明，其余部队则全部开往越南）；另一方面着手组建 8 个保安团，以填补防地。部队尚在组建中，突然事变就发生了。1945 年 10 月 3 日凌晨，蒋介石亲信杜聿明指挥所部在昆明发动“政变”，包围五华山云南省政府重地、龙云住宅、暂编第 24 师驻地等，并占领了电报局、电话机关，控制了昆明巫家坝机场，切断龙云与外界的一切联系。这就是蒋介石消灭云南所谓“三害”（民主堡垒、学生运动、地方军政系统）的“十月事变”。

蒋介石派人给龙云送去命令：①免去龙云军事委员会昆明行营主任、云南省政府主席本兼各职。军事委员会昆明行营撤销，行营所属人员由中央统一安排。云南地方部队交昆明防守司令官杜聿明接收改编。②任命龙云为军事委员会军事参议院院长。③任命卢汉为云南省政府主席，云南省政府交卢汉接收，在卢汉未到任以前，由云南省民政厅厅长李宗黄代理。

事变发生时，龙云从住宅后门奔上五华山，率部进行抵抗，随即向全省发出“戡乱”电报，要各地县保安队向昆明进发，包围反击，粉碎杜聿明叛乱。但是由于龙云的通讯机构皆被监视或破坏，戡乱电文发不出去，才未酿成大乱。经过几番调解，龙云无可奈何，只得在行政院院长宋子文陪同下，于 10 月 6 日飞往重庆。

龙云在蒋介石武力胁迫下，被迫离开昆明去重庆，标志着蒋介石用军事政变的特殊方式改组了云南省政府，从此结束了龙云对云南 18 年的统治。

这件事是龙云一生的重要转折，它对龙云后半生的影响是巨大的。龙云忘不了 10 月 3 日这一天，他说，这是蒋介石用“小偷式的流氓手段”来对付自己。这个“小偷式”的政变，是中国抗战胜利后内战的第一枪。但蒋介石企图通过剥夺龙云军政权力，从而消灭云南民主力量的目的却没有达到。不久，以昆明“一二·一”运动为开端的全国民主运动，在广大国统区形成了以“反独裁、争民主”为旗帜的新战场。

抗战胜利后，在昆明的大批工商企业、学校回迁，设备、人才流失，加上“十月事变”的影响，国民党中央势力直接插手云南事务，以及随后解放战争的爆发和国民党统治区的全面危机，昆明人口由30多万回落到17.6万左右。昆明城市化进程受阻，城市发展停滞了。

（三）学潮风涌　李闻命丧

1945年爆发的“一二·一”运动，是抗日战争胜利后国共两党对战后中国向何处去的前途、命运之争的必然结果，是中国共产党与国民党在国统区展开的一场争取各民主党派和人民大众支持的文化战、舆论战、民心战。

云南各族人民有着光荣的革命爱国主义的斗争传统。自近代以来，反对外来入侵和反封建的革命斗争始终没有停止过，特别是辛亥革命、护国运动以来，共和观念、民主思想深入人心。抗日战争开始以后，大批学校、机关、科研机构和现代工商企业内迁昆明，民主党派和民主人士云集，中共地下党组织积极活动，以龙云为代表的云南地方实力派在抗日战争时期的转变，为云南民主运动做出了贡献。上述多方面因素所造成的综合力量，最终导致了以“反对内战、争取民主”为主要内容的“一二·一”运动在昆明爆发。

1945年11月25日，西南联大、云大、中法大学、英语专科学校4所大学学生自治会，举行时事晚会。晚会原定在云大至公堂举行，当局侦知后加以阻止，遂临时改在西南联大图书馆前草坪广场举行，6000余人参加了晚会。晚会开始不久，校外枪声大作，接着电源被切断。但与会者在枪炮声中点燃汽灯，会议继续进行。与会教授和学生们高呼：“我们呼吁和平，在枪林弹雨中呼吁和平！”“用我们的声音来反抗枪声！”晚会通过了《昆明四大学全体学生致国共两党制止内战》和《吁请美国青年反对美军参加中国内战》的通电后，在歌声中结束。

次日，《中央日报》竟然报道：“西郊匪警，黑夜枪声”。这一贼喊捉贼的伎俩激起了爱国青年的愤怒，根据中共昆明地下组织的决定，由“民青”组织大规模罢课，成立了“昆明市大中学生罢课联合委员会（简称“罢联”）”，通电全国，提出了“反内战、争民主”的4项政治主张和4条当前要求，12月1日，在云南省政府代主席李宗黄、云南警备总司令关麟征等的策划下，决定“以组织对组织，以宣传对宣传，以行动对行动”，于上午10时许，派军警、特务、暴徒数百人围攻云大、西南联大等校。学生们与之进行坚决的斗争，当天南菁中学青年教师于再，联大学生潘琰、李鲁连，昆华工校学生张华昌等4人被暴徒杀害。此外，还重伤29人，轻伤不少。这就是震惊全国的“一二·一”惨案。

接着，昆明“罢联”接连发表了《向昆明父老沉痛呼吁》《昆明学生为“一二·一”事件告全国同胞书》等文告，从而掀起了“一二·一”运动的高潮。12月3日，“罢联”公祭四烈士，灵堂设于联大图书馆，先后有10多万人参加公祭，教授会宣布罢教一周，又发表《罢教宣言》。经过几个月的斗争，到1946年3月举行的四烈士的出殡和公葬典礼，标志着“一二·一”运动的胜利结束。

“一二·一”运动的胜利，是国民党在国统区政治斗争的重大失败。它使各民主党派和民主人士由观望动摇于国共之间，转变到彻底与国民党分手、决裂；从思想舆论上毁掉了国民党的政治形象，动摇了它的社会基础。不仅如此，1946年7月11日和7月15日，国民党当局竟然愚蠢地以暗杀手段先后杀害了李公朴、闻一多，制造了“李闻惨案”。当局的暴行，激起了全国人民的愤怒。全国各界纷纷致电吊唁，抗议国民党政府的法西斯暴行，并加入到争取民主斗争的行列中。

1948年5月20日，上海掀起“反饥饿、反内战”的民主运动高潮，北京、南京、天津等地青年学生纷纷响应。5月26日，昆明学生举行全市总罢课，喊出“向政府要饭吃”的口号。6月2日，昆明3万余学生走上街头示威。6月17日，根据中共云南省工委的决定，各校学生汇集于云大，举行声讨蒋介石政府发动内战和卖国罪行的大会，会后有2.5万人参加游行示威。军警下令抓捕爱国学生，学联宣布罢课，援救被捕学生。

学联将参加斗争的学生分别集中于云南大学和南菁中学（今云南民族大学莲花校区）。7月

15日晨，宪兵、军警上千人分别包围南菁、云大。南菁中学首先被攻破，坚守云大的数百名学生被迫退至会泽楼三楼，坚守达36小时。次日下午，云南省政府主席卢汉到云大视察、劝说。在当局断粮、断水的情况下，学联中的中共组织为不受更大的损失，决定与卢汉进行谈判，提出3个条件：撤退军警，不逮捕学生，不殴打学生。卢汉表示只逮捕几个为首的学生。学联领导人为保护大多数，遂接受了条件。这就是著名的昆明“七·一五”运动。

但学生们下楼后，全部被抓走。除部分年龄较小的被家长领走外，有400人被送交“夏令营”，近100名学生被投入监狱。政府当局还解散了一些中学，改组了一些学校的董事会，撤换了一些校长。然而，由于中共地下党的努力和学生们的坚决斗争，到次年4月，被捕和送夏令营的学生全部被释放。通过这次运动的锻炼和考验，在中共组织的领导下，昆明进步的青年学生纷纷奔向农村，参加中共游击队和农村工作，为夺取云南解放战争的胜利做准备。

（四）卢汉起义　和平解放

1949年4月，人民解放军胜利完成辽沈、平津、淮海三大战役以后，向南、向西南进军，解放全中国的任务提到了日程上，云南的解放不再是遥远的事情。

中共把加强政治攻势、争取地方实力派、发动群众与军事进攻相结合，作为争取云南和平解放的工作方针。中共滇桂黔边区委员会也展开了利用地方势力和国民党中央的矛盾，争取卢汉和平起义的工作，使卢汉态度逐渐有所转变。而中国人民解放军滇桂黔边区纵队也不断扩大，先后解放了47座县城。南京解放后，解放军浩浩荡荡朝西南方向挺进，中共云南地下党及边纵也积极活动，使昆明处于革命力量的包围之中。

卢汉（1895—1974），云南昭通人，彝族。1895年出生于昭通山乡中寨的一个彝族奴隶主等级的吉狄家族。1911年春，卢汉、龙云等出外收购木材，因木筏被撞坏货物沉没，淹死20余人，无颜回乡，只好去四川投奔驻扎那里滇军。

1912年5月卢汉和龙云以准尉级军衔被保送云南陆军讲武堂第四期步兵科学习，龙云去了骑兵科。1914年卢汉从云南陆军讲武堂步兵科毕业后，分配到滇军任少尉见习排长，期间与龙云的表妹结婚，二人成为亲戚。1915年底，卢汉随护国军进入四川战斗。1927年2月6日，卢汉跟随龙云发动推翻唐继尧的“二·六政变”。龙云主滇后，卢汉任省政府财政厅长。1937年8月，滇军主力被编为第60军，约4万人，卢汉为军长。

1945年9月，卢汉率领第一方面军入越授降后，10月3日，昆明防守司令官杜聿明奉蒋介石之命，在昆明发动军事政变，下令撤销龙云在云南本兼各职，调任军事委员会军事参议院院长；任命卢汉为云南省政府主席，在卢汉未到任前，由民政厅长李宗黄代理。

此时，身在河内卢汉深知自己已被监视，又受到中央军的包围，无可奈何，只得镇静以处，见机行事。1945年11月，卢汉奉命参加蒋介石在重庆召开的“复员整军会议”。蒋要卢参加会议，是要把滇军调往东北参加内战。蒋原有意要免去卢汉的省主席职务，但由于李宗黄和云南警备司令关麟征镇压昆明民主运动，引起了云南人民的强烈不满，只好挽留卢汉。蒋说：“我不是找你来辞职，现在还不是退休的时候，李宗黄在云南搞得不如人意，需要你回去就任主席职，安定地方。”卢汉无可奈何，又受到了控制，只得同意滇军调往东北，本人回到云南。

12月1日，李宗黄、关麟征在昆明制造了“一二·一”惨案，屠杀学生，镇压昆明民主运动。就在这一天，卢汉就任了云南省政府主席职。卢汉就任后，除一再申明“民意就是我的施政方针，民意机关就是我的指导者”外，讲得最多的是维护治安，“在安定中求进步”，他要保境安民。

卢汉接任省主席后，首先争取对60军、93军（决定调东北）的指挥权和人事权，迫使蒋介石同意孙渡代替他指挥滇军，由他提名调整滇军的人事安排。他还要求蒋介石撤销设在昆明的由国民党中央直接指挥“警备司令部”，虽未取得蒋的同意，但却被允许成立云南保安司令部，卢汉兼任保安司令，取得了对省内地方部队的控制权。卢汉即以入越受降的原第一方面军司令部，改组成云南省保安司令部，并以此为基础不断扩充，建立了新型的以保安团队为牌号的滇军。最初保安团共有4个总队（团）、1个独立大队。

到1949年起义前夕，已扩编至17个保安团，组成74、93两个军，共5万余人，成为卢汉掌控的基本武装力量。

1949年6月，蒋介石同意成立云南绥靖公署，以卢汉为绥靖公署主任兼云南省政府主席，总揽全省军政大权，重新控制了新型滇军。

1948年5月31日，第60军184师师长潘朔端在海城起义后，蒋介石两次派卢汉到东北战场慰问滇军。

1948年10月17日，第60军军长曾泽生在长春宣布起义；第93军则被消灭于锦州，兵团司令卢浚泉等被俘。派到东北去的滇军就这样结束了，这对卢汉是个很大的刺激。

辽沈、淮海、平津三大战役结束以后，卢汉一方面继续宣传“保境安民”“在安定中求进步”的施政方针；另一方面加紧扩大地方保安团队的武装力量，以为将来应变的资本。

1949年4月，南京解放。形势发展之快，出乎卢汉意料，这时已逃到香港的龙云，又多次派人与卢汉联络，催促他尽快起义。他也开始下定决心，做云南起义的准备。他一方面通过与中共云南地下党的联系，加强了与边纵和游击队的联络，派人到香港，北平与中共领导机关联系；另一方面派人与西康省政府主席刘文辉以及在成都的西南军政副长官邓锡侯、潘文华相约，在适当时候共同举行反蒋起义；同时，卢汉还开放了一定限度的民主运动，放松了对新闻的限制。拒绝了国民党中央军和桂系部队进入云南，反对在云南发行银圆券，撤销军师团管区和警务处，停止征兵征粮等。

1949 年 8 月 14 日，龙云在香港接见记者时宣布“云南起义”。香港各大报立即以大字标题刊登了“龙云策动云南正式起义”的消息。这条消息冲击了卢汉，也震动了国民党当局。

蒋介石于 8 月 24 日由台湾飞重庆，迭电召卢汉赴重庆。卢汉一拖再拖。蒋介石派侍从室主任俞济时飞昆明，坐催卢汉赴渝，面商“国家安危”。西南军政长官公署军政长官张群给卢汉打电话，扬言“中央”将派两个军、60 架飞机解决云南问题。如果卢汉不到，后果不堪设想；如果卢汉到重庆，将由张群保证其安全。

卢汉无奈，派民政厅长杨文清、省府秘书长

朱景暄代表他前去，向蒋介石陈述云南的实际情况以及卢汉不能分身的理由。蒋要卢汉抱病前来面商，并说对卢汉如何器重云云。

其时余程万的陆军第26军已由开远向昆明移动；李弥的陆军第8军已由四川泸州向云南前进，先头部队已到达宣威；刘伯龙第89军由贵阳向云南前进，先头部队已到达盘县，形成了对昆明包围之势。迫于形势，卢汉于9月6日飞重庆。临行前，卢汉对龙泽汇、安恩溥等人说："我这次去重庆，吉凶难卜，万一被扣，你们就打电报来。要求不准，就插起红旗，通电起义，不要管我。我走后，军事由龙泽汇负责，政务由安恩溥负责。"卢汉走后，昆明城实行宵禁，部队官兵停止休假外出，高级军政人员集中到昆明五华山省政府内办公。气氛紧张，箭在弦上。

卢汉一到重庆，即向蒋介石提出辞职。蒋却说："有什么困难，我都支持你。"卢受到蒋异乎寻常的热情接待，蒋表示云南问题交给卢汉全权处理，准许他把保安团扩编为两个军，军费拨发现银100万元，武器、弹药装备陆续补充。作为条件，蒋向卢提出3条：一是取消云南省参议会，二是逮捕 100 多人（附有名单），三是要封几个报馆和学校。卢汉考虑起义条件尚不成熟，都答应了。

9 月 8 日下午，卢汉回到昆明，暗示共产党人迅速转移。

9 月 9 日，军统在昆明逮捕数百人之多；解散了省议会，查封了部分报刊和学校。这就是所谓“九九整肃”事件。经过审讯后，准备枪决的有 100 多人，其余大多判处 3—20 年不等的徒刑。名单报送卢汉，卢汉以罪证不足，杀人太多，难以服众，命令进行复审，这样就拖了下来。

11 月初，代总统李宗仁路过昆明去香港，卢汉向李宗仁报告，要求从宽处理这批人员，李宗仁慨然应允。卢汉立即下令，所有被捕人员，一律释放。为避免生发事端，卢汉命杨文清代理省主席职务，自己称病在家，暗中策划和指挥起义。

11 月初，人民解放军向大西南进军。到 11 月下旬，贵阳、重庆相继解放。与此同时，共产党领导的边纵游击队在云南相当活跃，控制了很大一部分农村，云南各地要求起义的呼声日益高涨。在这种形势下，卢汉一面停止征兵征粮，制止国民党特务的活动，拒绝国民党政府的国防部、西南军政长官公署等单位移驻昆明，并与边纵加强了联系；另一面又派人到香港、广州与叶剑英联系，请示起义方略。

卢汉利用解放军已迫近云南的形势，将云南保安团队扩编的余建勋的74军和龙泽汇的93军调至昆明及其附近地区，做好起义的准备工作。

12月8日，蒋介石召集驻滇各军军长余程万、李弥、龙泽汇等与张群去重庆，面授机宜。卢汉即利用余程万、李弥等离昆时机，抓紧布置，并决定12月9日夜举行起义。

12月9日下午，张群、余程万、李弥等回到昆明。卢汉将张群单独软禁，并以张群的名义发出通知，邀请国民党中央驻滇军事首脑于当晚9时在卢汉公馆举行紧急会议。出席会议的有：第8军军长兼第6编练司令部司令李弥、第26军军长余程万、宪兵司令部副司令兼西南宪兵区指挥李楚藩、西南宪兵区指挥区参谋长童鹤岑、空军第5军副司令沈延世、第193师师长石补天、云南绥靖公署保防处处长沈醉等。人到齐后，卢汉的警卫营长李青龙率领10多名警卫，扣押了与会全部人员。

晚10时整，卢汉在五华山云南省政府主席办公室宣布：“云南起义了！各单位按原计划开始行动！”同时向全国发出云南起义通电。

12月11日，毛泽东、朱德复电卢汉时说：“昆明卢主席勋鉴：佳电诵悉，甚为欣慰。云南宣告脱离国民党反动政府，服从中央人民政府，加速西南解放战争之进展，必为全国人民所欢迎。”云南起义后，成立了以卢汉为主席的云南临时军政委员会，作为省内临时权力机关。卢汉成功领导了云南起义，昆明和平地移交到新政权手上。

云南起义后，国民党中央军第8、第26军，按照蒋介石的命令于16日围攻昆明。由于这时解放军前线部队距昆明尚有一段距离，昆明处在危急之中。起义部队和昆明市民在“坚决保卫昆明”的口号下，奋起反击，边纵各部也积极驰援昆明，经过6个昼夜的阻击，终于迫使围城中央军撤离昆明，昆明转危为安，12月30日，中国人民解放军滇桂黔边区纵队在朱家壁率领下正式进入昆明。

1950年2月20日，中国人民解放军第二野战军第四兵团在陈赓、宋任穷、周保中等率领下进入昆明。当部队进入市区时，万人空巷，鞭炮齐鸣，欢声雷动。

昆明的和平解放，使昆明古城免遭战火之灾，为后来的昆明城市的发展奠下了一个较好的基础。

十、跨 越

（一）恢复发展 凝心聚力

1949 年 12 月昆明和平解放后，进行了 3 年的经济恢复和土地改革。1945 年抗战胜利后，一大批内迁的机关、学校和工商企业迁回沿海和内地，昆明在抗战时期的高速发展一度陷入停顿。解放后，由于恢复重建和抗美援朝战争的需要，加上大批解放军部队和南下干部队伍的到来，昆明城市的活力很快再度焕发。当时昆明的工业相较于受多年战争影响的内地大部分城市要强很多，资料显示，1949 年昆明的人均工业总产值要比当时东北的主要工业城市哈尔滨的人均工业总产值高 17 元。工业是当时昆明恢复经济的重点。恢复期间，昆明大力发展工业，共投资 599 万元，使炼铁、炼铜、铸铁、锻件、电线、硫酸、机制纸等工业的生产能力得以恢复。1952 年，昆明工业企业已增至797个，比1949年增长69.21%，工业产值13694万元，比1949年增长1.81倍，平均每年递增41.18%，快于全国34.81%和全省25.03%的递增速度；工业总产值占社会总产值的比重达到37.35%，工业收入占国民收入的21.39%。1956年以后，经过对私营工商业的改造和手工业合作化，小微企业大量合并，从而使企业的规模得以扩大，产生了规模效益；同时，国家在“一五”期间开始进行较大规模的经济建设，增加工业投资。到1956年，昆明市的工业总产值已达38300万元，占社会总产值的52.69%；第一、二、三产业的比重为42.92∶42.07∶16.96，第二产业已接近第一产业的比重。昆明已来到工业化社会的门前。

在经济快速恢复的同时，城市面貌也有明显的变化。军管会接手时全市共8个区公所，市辖区范围，东起东华、金马山，东北临虹山，西接麻园、黄土坡、菱角塘，南至螺蛳湾、云南纺织厂。此时的昆明城总面积7.8平方公里。1951年市辖区调整为5个区。1953年撤销昆明县，全市辖区变为9个区，1954年海口区划入，成为第10个区。

1956年、1959年、1963年、1965年又数次对区划进行调整，至“文革”开始时，昆明市辖区共4区4县（1983年宜良、嵩明、路南、禄劝4县划入昆明；1998年又将东川区、寻甸县划入昆明。至此，昆明共14个县、市（安宁）、区，辖区总面积达21015平方公里）。

1. 曲折探索　起伏跌宕

1957—1976年经过8年的恢复与建设，到“一五”期末的1957年，昆明第二产业生产总值已达45109万元。第一、二、三产业的构成演进为40.06 ∶ 40.40 ∶ 19.54，第二产业占国民生产总值的比重开始超过第一产业，在国民经济中开始居于主导地位。经过九曲十八弯，昆明终于进入基本实现工业化的社会。

然而，1958年之后，工业发展“以钢为纲”的指导思想使工业投资大量转向冶金等重化工业，加上计划经济体制的形成，企业生产经营权的收紧，使昆明工业偏离了正常的发展进程，导致连续多年的国民经济低速甚至负增长。国民生产总值由1957年的第一个高峰下滑到1960年的79208万元，三年困难时期继续下滑到1962年的

42305万元，锐减46.59%；第一、二、三产业的构成由1960年的15.70∶69.02∶15.38退化为1962年的31.28∶52.55∶16.17。经过3年的“调整、巩固、充实，提高”，昆明的国民经济发展水平和工业化程度才又稳定下来，并开始回升，到1966年，国民生产总值达到72766万元，第一、二、三产业的构成达到25.65∶60.49∶14.86。

1966年“文化大革命”开始后，昆明社会经济的发展和工业化程度的提高再次受阻。1968年，国民生产总值退到34988万元，第一、二、三产业构成退为49.43∶32.92∶17.64。第一产业的比重又超过了第二产业在国民经济中所占的比重，整个生产力水平退回到中华人民共和国建立初期的水平，经济实力大大减弱。从1969—1975年，昆明的国民经济和工业化水平在波动中超低速发展。1969年，国民生产总值为69721万元，略微超过1959年的水平，三次产业构成为26.85∶60.48∶12.66；1975年，国民生产总值达到11亿8020万元，三次产业构成为23.26∶60.64∶16.10。此后的1976年，昆明的社会经济再次出现大幅度下滑，国民生产总值降至 80336 万元，比 1973 年的 118966 万元减少 32.47%，年均递减 12.27%；人均国民生产总值由 1973 年的 435.23 元减少到 277.42 元，减少 36.27%；三次产业构成退为 30.27 ∶ 55.58 ∶ 14.21。第一产业滞后发展，波动幅度高达 44.15%；第二产业徘徊倒退，比重连续下降；第三产业严重萎缩，产值由 1973 年的 18706 万元锐减到 1976 年的 11413 万元，减少 38.99%，年均递减 15.18%。国民经济濒临崩溃的边缘，工业化水平再次回落到 1958 年的水平。

1977 年是粉碎“四人帮”后的第一年，昆明的国民生产总值恢复并超过历史最好水平，达到 117974 万元，三次产业构成为 20.60 ∶ 63.68 ∶ 15.72。此后，农业和轻工业发展加快，第三产业相应发展，昆明的城市化和工业化程度稳步提高。

1965 年底，全长 639 公里的贵昆铁路建成开通，昆明火车站建成，使昆明与内地的物流联系大为改观，昆明从此改变了“铁路不通国内通国外”“要进京，先出国”的交通状况，昆明作为全省交通枢纽的位置更加突出。1970 年，被联合国评为20世纪人类征服自然的三大奇迹之一的成昆铁路通车。成昆铁路全长1096公里，穿越了川西南和滇东北山地，地形极为复杂，铁路所经地区的地质构造基本属于大断裂发育带，沿线地势险峻，地质环境复杂，被称之为“地质博物馆”，在铁路建设领域曾被视为“筑路禁区”。贵昆线将昆明与东部沿海地区相连接，成昆线将昆明与内地腹地相连接。两条铁路的开通使昆明的潜在的区位优势很快显现出来，云南的有色金属和各种矿产资源优势得以发挥，内地先进的工业装备也更容易运送到昆明，从而进一步推动了昆明的重化工业发展。

由于城市发展的指导思想长期以“变消费城市为生产城市”为宗旨，自1953年至1978年的25年时间，昆明城市基础设施建设强调以生产需要为导向，向工业特别是重化工业倾斜，对服务业、城市服务体系等民生事业的建设则很少投资。加上计划经济体制下，企业受所属条块分割的影响，地方政府对条条上的企业并无管理权，也拿不到企业的利润；而企业也只有自己盖宿舍，办食堂、幼儿园、学校、医院等社会服务体系，才能解决职工的生活需求。城市成为各种大院分割分治的聚落，城市布局零落，建筑水平参差。形成企业办社会,政府办企业的格局,单位大院内见缝盖房，院墙外各扫门前雪。到 1978 年，昆明当年在建项目 178.21 万平方米，其中 100 多万平方米为各单位在各自院内自建的职工住房。

到改革开放前的 1978 年，昆明市区的建成区面积达到 22.6 平方公里，全市总人口 367 万，其中城市人口 108 万。城市化率为 29%。

2. 潘公治市　躬亲为民

潘朔端　1900 年生，云南威信人。1946 年国共双方在东北处于胶着状态，潘率 184 师在海城起义，使东北战局发生重大变化，成为辽沈战役的最重大的转折点。在整个解放战争中，辽沈战役是解放战争胜利的前提和关键，从这个意义上说，海城起义对解放战争和中华人民共和国的成立的意义是重大的。

海城起义得到中共中央、中央军委的高度评价。朱德总司令在贺电中称赞此举“揭和平之义旗，张滇军之荣誉”。知情人曾回忆，60 军入越受降完毕，蒋介石即在昆明撤掉龙云，又将滇军缩编为两个军，海运东北打内战。离越南之前，潘朔端曾气愤地说：“我们抗战打了八年，已打得气亏力竭，急需休养生息，医治战争创伤，而蒋介石还要我们去打内战，自己人杀自己人，我们是要考虑考虑。”果然，潘到东北后不到两周就率部起义了。

1949年潘朔端随宋任穷、周保中大军南下，进驻昆明。1950年3月28日，昆明市人民政府成立，潘朔端被任命为昆明解放后首任市长，后又多次被选任市长，直至1968年革命委员会取代市人民政府，潘仍担任市革委会主持行政的副主任。

刚解放的昆明经济萧条，市场冷落，不法资本家趁机投机倒把；物价上涨，人心浮动，市场出现抢购风。潘朔端召开紧急会议决定：严厉打击投机倒把，整顿市场；动用省库80%的黄金、棉纱、大米、棉布投放市场；立即逮捕奸商朱文高。迅速压住了投机倒把势头。此外，他厉行禁烟、禁赌，成立禁烟委员会，在8个区设戒烟所收容烟民，并多次到戒烟所视察。解放初期，昆明游乞满街，社会秩序混乱。他向民政局要求，不准冻死人，饿死人，并在1952年成立救济分会，发放寒衣等救济物资；又兴办各种福利事业107个，整顿治安，收容安排无业人员以万计。《省志》记述“（昆明）社会一时大定”。

1958年，潘朔端到北京开会，看到北京居民用蜂窝煤灶，想到昆明居民劈柴烧饭的困难，就自己掏钱买了一套炉灶和蜂窝煤，搭飞机运回昆明，交给有关部门试制推广。不久昆明的蜂窝煤炉造出来了，蜂窝煤也试制成功，极大地方便了市民生活。

1958年大炼钢铁时，为修建昆明钢铁厂至矿山的道路，潘朔端兼任总指挥和党委书记，吃住在工地，并亲自为民工解决食宿和厕所问题。这期间，他住在四面透风的简易工棚，和秘书、司机席地而睡。一次，他发现一施工队进度下降，查明是因为卫生条件差而引起痢疾，立即停工，调来防疫站的医生，彻底清扫，控制住疫情。在工作中他力排众议，采用了一个普通工作人员的建议，修改了筑路方案，缩短了线路，节约了投资。

在任期间，潘朔端十分重视昆明的城市建设。他提出要把昆明建成旅游城市，指示园林局制订出园林规划方案。在他的力倡下，圆通公园建设为动物园；西山从太华寺到龙门的公路，建了栏杆；翠湖公园建了围栏；城市绿化除单位要在房前屋后、街道两旁植树、栽花、种草外，东风路、人民路、北京路等主要街道种植银桦和桉树，南屏街、金碧路、拓东路种植了梧桐。

他重视地方志的编纂工作。1962 年在兼任市志编委会主任期间，聘请了一批在昆的专家学者作为市志的编委或编辑，勉励他们修好市志，为第一代社会主义新方志的编修打下了坚实的基础。

潘朔端任市长（含主持市革委工作）22 年，处处严于律己。一次，他爱人生病，要转去郊区医院治疗，正碰上他下乡，顺路搭了一段车。到了通向医院的岔路口，他就叫停车，让妻子和 5 岁的孩子走路去。最后母子俩步行 8 公里路才到医院。1973 年他女儿结婚，因无房 3 次推迟婚期。后来，机关分给他女儿一个小套间，他硬让女儿交回钥匙，将套间换成单间。

10 年“文革”，潘朔端受到严重冲击，后期才恢复主持市革委会工作。1978 年 8 月 30 日，他拖着便血 3 天的身躯去东风广场开会，解决数百家拆迁户住房的遗留问题，下午又实地勘查 6

个公共厕所的修建地点。因失血过多，傍晚到家就晕倒，住进医院，抢救无效，同年 9 月 14 日病逝，终年 78 岁。

3. 十大建筑 现代风光

在经济建设大跃进的同时，昆明的城市建设也发生了巨大的变化。20 世纪 50—60 年代，老的城墙相继拆除了，城市道路拓宽、延伸，相继建成青年路、东风西路、东风东路、人民东路、人民西路等城市主干道；新建了工人文化宫、新建设电影院；扩建了昆明自来水厂、阳宗海电厂、普坪村电厂，城市供电能力明显改善，路灯、自来水等公用基础设施开始普及。一些标志性的现代化建筑也在大跃进前后相继建成，国庆十周年时，昆明已沿东风路自东向西地建成了云南省体育馆、昆明饭店、邮电大楼、昆明百货大楼、云南饭店、云南省公安厅大楼、云南省博物馆、云南艺术剧院，以及翠湖宾馆、省农展馆（现省科技馆）等“十大建筑”。由于建于 20 世纪 50 年代末，正值中苏友好时期，因此十大建筑大多采用苏式建筑特点，从而形成了当时昆明最鲜明的城市特色，也让当时的东风路成为最具现代化色彩的街道。

在十大建筑中，云南省博物馆是典型的苏式建筑。其特点讲求中轴对称，具有哥特式尖顶以及那个特定年代的红五星。其他 9 个地标建筑，也有明显的苏式建筑的影子，同时还有一些本土文化元素的融入。

云南艺术剧院的门廊装饰采用了具有云南特色的山茶花和孔雀；而建于 1959 年的昆明老百货大楼，设计也很有意思，除了外形上的苏式风格，设计师也充分利用了穿堂风，使人们置身于“八面来风”的冬暖夏凉之中。20 世纪七八十年代，建筑面积 1 万平方米的昆明百货大楼，平均每小时客流量达 1 万多人次，节假日每天更是高达 15—20 万人次。成为 60—80 年代昆明城市的核心商业区，其顾客覆盖云南全省。

建筑是历史的记忆。目前老昆明十大地标建筑中，翠湖宾馆、省公安厅大楼、云南饭店、百货大楼已被拆除或在原址重建，其余的省科技馆和昆明饭店或也不保。只有省博物馆和云南艺术剧院还作为明显的地标性建筑在东风西路上遥遥相望，其他建筑已淹没在新建的高楼丛林之中了。

4. 围海造田　人进湖退

围湖造田是自元代以来昆明解决人口与土地矛盾的重要选项。由于人口增长迅速，城市粮食供应压力增大，元、明、清都进行过较大规模的围湖造田，其中元代 4 次、明代 9 次，清代达 16 次，滇池也由南诏、大理时的 510 平方公里缩至清末的 320 余平方公里。自 20 世纪以来，昆明人口剧增，按同口径计算，从 1949—1992 年，全域人口由 152 万增加到 362 万。由滇池沿岸区、县进行的较大规模的围湖造田从未停止过。滇池湖面在 30—50 年代减少了 2.33 万亩，60—70 年代减少了 3.5 万亩。

进入“文革”时期，农业生产停滞，工业生产倒退，人口却依然在增加。为解决粮食短缺问题，最直观的办法就是围湖造田，向滇池要粮。1969 年 12 月 28 日，云南省、昆明市革命委员会研究决定对滇池草海进行围湖造田。在昆明东风广场召开有 10 万军民参加的“围海造田誓师大会”；在“备战备荒为人民”的名义下，号召“向滇池进军，向滇池要粮”，强调这是“改天换地，为民谋利，造福子孙的大事。各部门、各单位及沿湖地区，都要全力以赴，出人、出钱、出物，在这项工程中为人民再立新功”。并要求“当年围海，当年造田，当年受益”。于是，从1970年1月1日起，规模浩大且数万人参加的昆明市“围海造田”运动，正式拉开序幕……1970年5月7日，昆明市海埂“五七”农场，正式宣告成立。随后，昆明市西山区、官渡区、呈贡县、晋宁县，也先后开始了规模不等的围湖造田运动。

事后证明，“围海造田”并没有收到预期的效果。围成的“田”，成了一片沼泽。又因土质过于肥沃，栽下的水稻秧苗长势良好，但却颗粒无收。后改种玉米、黄豆，还算勉强有点收成。因而结论是：“围海造田，劳民伤财，得不偿失”，让滇池面积缩小了26平方公里。连同西山区、官渡区、呈贡县、晋宁县的围田部分，共计缩减滇池水面30多平方公里，并且破坏了沿岸的湿地和自然景观，危害到湖底的水生植物，削弱了湖水的净化能力，加速了滇池的老化过程。

5. 改革初试　城市变迁

1978年，中共十一届三中全会确定了以经济建设为中心的基本方针，中国的改革开放迅速展开。

在中央调整搞活经济的方针指导下，云南省和昆明市在经济改革方面也有一些值得注意的探索。1976年全市的工业生产跌到历史低点，总产值只相当于1966年的水平。面对困境，1977年底，昆明工业企业率先进入改革的第一个高潮。云南省政府有关部门对昆明钢铁厂、昆湖针织总厂、昆明纺织厂、昆明电缆厂4家亏损大户实行亏损包干，企业积极性大增，一年全部扭亏为盈。其中，昆钢2000多万的亏损一年消化，其他企业也得到不同程度的放权松绑。1978年全市国民生产总值一下子提高到15亿多，较上年增长近50%。改革的巨大成效坚定了改革的信心。1979年开始，利润留成式的改革全面推开，企业留利与奖励基金挂钩，促进了企业内部的改革。一时间，成本核算、全面质量管理等措施在企业广泛实行；车间包干、工段包干、小组包干、计件工资也开始在企业推开。1980年5月，省政府在昆明召开工交系统增产节约会议，确定在全省范围内扩大企业自主权，实行承包制。可以说，昆明工业的生产承包先于农村，“包”字先进了城，其直接效果是昆明工业在整个80年代总体向好。名噪一时的“金马牌柴油机”和包括“白玫洗衣机”“山茶电视机”“红山茶缝纫机”“春花自行车”“兰花电冰箱”的“五朵金花”等一批轻工业产品，在这一时期陆续走向全国市场。

1981年，昆明市的各郊县区全面推行了“包产到户”的生产责任制。当年，农村各项经济指标即大幅上扬。

1978年底，国家停止了一大批项目，同时伴随着知青回城、各种落实政策人员回城等因素，城市就业压力进一步增大。在国营、集体企业岗位增长迟缓的情况下，市政府也想方设法扩大城市的创业就业渠道，一度将青年路等城市街道开放为个体摊铺市场，个体户成为新的城乡就业渠道和致富门道。

城乡个体户、专业户的出现，特别是农村人民公社废止后遗留的大量社队企业和集体资产大都承包给了农村的能人、明白人，各县区都涌现出了大批由社队企业演化而来的乡镇企业。他们从事国营企业所不能干、不愿干的行业，也从事国有企业干不了、干不好的行业。提供了城市建设所需的建材、建筑，人民生活所需的农副产品和加工、运输等行业，不少专业户个体户成了万元户、10 万元户。民营企业的出现增加了就业渠道、国家税收和社会供给。

1980 年开始，中央对各省、区，各省、区对各地、市政府实行“划分收支、增长分成、分级包干”的财政包干体制，调动了各级地方政府当家理财、增收节支的积极性，对保证国民经济的持续发展，支持国家重点建设起了重要作用。1980 年，昆明等地市试行财政留成，昆明市财政也对各区县采取了财政包干的体制。

地方政府有了财权，就有了应对城市基础设施欠账过多的手段，有了扶持地方企业，发展地方经济，扩大收入来源的主动权和积极性。1980 年昆明各城区都先后走上大办区属工业的路子，五华区、盘龙区的区属工业都在这一时期迅速发展（昆明高新技术产业开发区也萌芽于此时）。城市经济的发展增加了地方政府的税收，市级财政 1978 年仅有 3.7 亿元，到 1985 年达到 9.5 亿元。1984 年，当这个包干体制到期时，云南省和昆明市由于有烟草工业这样的利税大户，从中受益更多。

1984 年，中共十二届三中全会做出了城市经济体制改革的决定。发展有计划的商品经济，国营企业成为改革的核心。

昆明市政府为此进行了机构改革，实行了政企分开，政府不再对企业直接投资，企业的生产、再生产所需要的资金改由国家下达贷款指标，再由银行贷款给企业，企业负责还本付息，本息由企业在生产经营的过程中偿还。企业也由上缴利润变成交税。改革使企业在身份认同上与政府部门划清了界限，企业作为谋求利润的经济组织的身份和主体责任得以明确。企业在生产经营上不再唯政府主管部门的意见是从，政府主管部门也不敢轻易再对企业发号施令，随意干预企业的生产经营。企业自主权得到了保障。

经营承包制使改革转向企业领导体制。1988年《全民所有制企业法》的实施，为落实企业自主权提供了基本的法律框架，企业改革进入到新的阶段。1988年全市工业增加值达到45亿元，为1978年的5倍。机电行业走向了世界市场，云南机床厂与号称“五朵金花”的地方优势工业企业的盛开都在这一时期。

农业方面，1985年取消了自1957年开始的统购统销政策，粮食统购改为合同定购，余粮收购改为议购，生猪的派购也随之取消。农民开始向商品生产者转变。农民自发地调整农业产业结构，农业增收效果明显。1985 年，全市第一产业增加值比上年增长 28%，1987 年又比上年增长 35%。农村产业结构的调整直接促成了昆明烟草工业的大发展。

烟草工业的高积累、高税收为昆明市政府提供了加快城市道路、供水、供气、供电等基础设施建设的能力，也加大了改善医疗、教育、养老等城市服务体系的能力，并为降低其他行业的税赋创造了条件。1985—1993 年，昆明工业企业所得税的实征率平均仅在 20%左右。各县区的财政状况更是得到极大改善，如五华区 1985 年地方财政收入为 3274 万元，到 1990 年已达 27111 万元，5 年间增长 8.28 倍；同期，盘龙区的财政收入也由 4175 万提高为 12241 万元。市、区、县都形成了自己的发展引擎和动力源。

城市建设的投资规模和渠道扩展，城市基础设施建设投资由 1978 年的 2.6 亿增加至 1990 年的 7.9 亿；全社会固定资产连续 6 年保持了 30%

的左右的年增长率。投资的主要领域是城市居民住房和城市道路、商业网点、学校、医院等“文革”中严重欠账的领域。到 1984 年，主城建成区面积达 22 平方公里。城市年供水达 6720 万吨，人均占有道路面积 3.54 米。

在市区，一些长期该办未办的民生项目开始启动。1985 年第一座立交桥—西站立交桥建成通车，第一座城市煤气储罐和管道煤气投入使用；普通高校由 1978 年的 9 所增加到 16 所；医院床位数由 14304 个增加到 18421 个，医生由 8459 名增加到 12528 名。

（二）市场突破　优势再现

1988 年下半年的价格改革引发了人们对物价上涨的恐慌心理，双轨制的价格体系掩盖了真实的市场供求情况，抢购风造成了总需求大于总供给的假象。1989 年底开始的治理整顿打掉了经济泡沫之后，国内市场需求不足的真实情况显现出来，市场迅速疲软。昆明的工业企业普遍陷入产能过剩的困境，将近 80% 以上的企业产品销售下降，从钢材、水泥到奶粉、饮料全都面临没有市场的困境。建筑钢材每吨由 4000 元降到 1500 元，持续近30年的短缺经济时代结束了。企业找市长，市长也只能找市场，市场在资源配置中的基础性作用突现出来。

在为企业寻找产品市场的过程中，昆明市政府突破了以往只在国内寻求市场的局限，眼光放到了离自己最近的的东南亚市场。1990年，已经兴旺了5年的中缅边境贸易启发了四处为本省企业寻找市场的昆明市政府，昆明地方产品在缅方市场有不可替代的优势，洗衣粉、啤酒、电池、柴油机、药品、电机、电缆、大宗日用消费品都有市场。云南独有的边境区位成为开辟东南亚市场的重大优势。当年10月，昆明市政府组织了200多家国营、集体企业到瑞丽举办边贸交易会，市委书记王广宪和市政府领导赴瑞丽各商号调研，制定了一系列扶持政策。第二年，缅甸政府也在瑞丽对面的木姐市举办了缅中边贸交易会。企业走向市场、走向世界成为企业发展的方向。

改革开放促进了昆明城市建设的快速发展。到“七五”计划结束时的1990年，昆明主城建成区面积已达33平方公里，比1978年的17.8平方公里增加了15平方公里；城市日供水能力达30.6

万吨；居民燃料的气化改造从 1985 年启动，到 1990 年已接近 20%。新建了昙华寺、西华园等一批市民公园，长期破损的城市道路路面也得到大面积修整。

1. 中心城市　辐射周边

邓小平南方谈话开启了中国改革开放的新阶段。1992 年 2 月，昆明市长率 200 多名昆明市县处级领导干部赴深圳学习培训，学习用市场经济的观点看问题、想问题，用市场经济的办法建城市、管城市，用市场经济的手段搞经济、搞管理。1992 年 5 月，中共中央 4 号文件决定昆明实行沿海开放城市政策，昆明的区位从对外开放的末端一跃而为前沿。在邓小平南方谈话的催动下，西南五省七方在昆明结成共同开拓东南亚市场的区域经济联盟。昆明作为中国面向东南亚、南亚的区域性国际城市的特殊价值再次凸显出来。昆明抓住这一发展机遇，当年即筹办以东南亚国家为主要贸易对象的“昆明出口商品交易会”。为了给“昆交会”创造良好的市场环境和投资环境，昆明开始进入旧城改造与新区建设并举的拆建时期。城市主城区要“腾笼换鸟”，工业企业特别是重化工企业均搬出城区。于是有了城市空间退“退二进三”、工业企业转向第三产业的举措。云南纺织厂以旧厂区改建的螺蛳湾商品交易市场成为工业企业向第三产业转型的成功范例。

在城市现代化建设的冲动下，昆明市掀起了新一轮旧城改造的高潮。1982 年昆明被公布为中国第一批历史文化名城，而作为历史文名城重要载体的历史街区是名城的重要内容。大观街、武成路、长春路、正义路、三市街、木行街、巡津街、威远街、甬道街等均列为昆明历史文化街区保护范围，但在旧城改造的大潮中均被迅速拆除。城市形成东西方向的新横轴，城市中轴线也从文庙东移到青年路。文化名城的历史街区景观不再。同时，为迅速扩大市区面积，为产业聚集和发展开辟空间，昆明市通过举办高新技术产业开发区、经济技术开发区、滇池旅游度假区来开辟新的城市发展空间，3 个开发区首期各占地 10 平方公里，区内以“三通一平”招商引资。开发区模式使城市建设在规划阶段就与产业发展联系起来，统一规划、统一建设、有序开发，区内的企业一进入就可以获得足够的发展空间和配套的公共服务，从发展环境上为企业创造了条件。经过25年的发展，昆明高新区、经济技术开发区、旅游度假区均已成为昆明的产业和人口聚集区，为昆明提供了大量的就业岗位和税收。

中共十四届三中全会后，企业改革向转换国有企业经营机制转变，建立现代企业制度，培育和发展市场体系，转变政府职能，建立健全宏观经济调控体系。对国有大企业进行股份制改造，云南白药、昆百大率先完成改制上市，昆明机床成功在香港上市。

“昆交会”和“世界园艺博览会”开启了把城市建设与市场建设相结合的进程，初步做到把城市化与市场化、现代化、国际化统一起来，使城市发展与市场经济的发展紧密结合起来。但在实际操作中，城市建设与生态环境的矛盾日渐突出，砍伐行道树、覆盖西坝河等都反映了这种矛盾的激化。而旧城改造更是导致大片历史街区被毁，城市的现代化与自身的历史文化冲突日渐尖锐。

2. 城市扩张　生态负重

2000年，为解决中西部发展差距扩大的问题，国家出台了西部大开发战略。西部开发是在西部生态环境严重恶化的情况下提出的，为防止在开发中再次出现粗放式发展，中央政府提出了西部开发要以生态建设、再造秀美河山为重要前提。根据中央西部大开发的总体战略，云南省应对西部大开发提出了“建设绿色经济强省、民族文化大省、中国连接南亚东南亚的国际大通道”的战略发展目标，昆明市也相应制定了建设集生态城市、历史文化名城和现代化城市于一体的城市发展目标。

1999年举办的“昆明世界园艺博览会”开启了昆明城市发展与环境建设相统一的新阶段。进入21世纪，昆明主城所在滇池盆地1000多平方公里的空间中，300平方公里的水面是昆明的生态基础和屏障；在近300平方公里的城区面积内安顿着320多万城市人口，每平方公里人口密度1万多人，主城核心区甚至高达3万多人；还有不到400平方公里的农村、农田，是城市与滇池之间的湿地和环湖生态屏障的缓冲地带。2000年，中共昆明市委调整了昆明城市的发展方向，提出了“一主四副”的“指掌形城市”发展设想，即以主城的盘龙、五华、官渡、西山四区为掌，以生态走廊相连接，延伸向安宁、富民、嵩明、宜良等县市，建成4个次级中心。这个方案意在避开滇池，跳出盆地、在主城之外向北、向西、向滇池盆地之外谋求新的发展空间。但由于这一时期，全省经济发展迟缓，昆明也出现投资连续3年下降的情况。环境压力与城市经济发展、城市建设方式的矛盾给城市发展方向带来不确定性。城市基础设施与城市发展的需要越来越不相适应，滇池周边城市化发展的巨大推力和全省流动人口加快涌入昆明及周边的现实压力，使昆明城市发展的方向再次发生变动。

3. 以水定城　开放发展

滇池是昆明城市生存和发展的根，水是昆明生态系统中的最重要也是最短板的基础因子，昆明的生存发展与滇池的状况息息相关。自20世纪80年代中期滇池水质迅速恶化以来，城市水资源的短缺日益严峻，从根本上制约了昆明的经济社会发展。保护滇池、治理滇池污染成为昆明实现可持续发展的核心问题，也是全省全市人民的强烈愿望，从中央到省市区各级政府也都高度关注滇池的治理问题。

为了突破昆明可持续发展的瓶颈，解决滇池水污染后城市供水的水源问题，从 1995 年起，昆明市就在寻找新的水源。时任市委书记杨健强与水利专家徒步踏勘了昆明市域范围内 20 多个水源点，最终确定了从滇池流域之外的金沙江水系的掌鸠河引水济昆的方案。方案确定在昆明北部距主城 137 公里的禄劝县云龙乡、撒营盘镇境内建设 4.8 亿库容的大型水库，作为昆明城市的饮用水水源，利用日本协力基金贷款建设。工程自 1999 年 12 月动工，2004 年开始供水，2006 年蓄水达到 4 亿立方。外流域引水改变了千百万年来昆明单纯以滇池水系为水源的历史，为昆明城市提供了新的生态承载力，也为滇池治理赢得了时间，为新世纪昆明城市的发展奠下了生态基础，是昆明城市发展史上的重要篇章。

2003 年 5 月，中共云南省委、省政府在昆明召开现场办公会，对昆明的发展方向和发展方式做了重大调整，确定了昆明城市环滇池发展的“现代新昆明发展战略”，制定了“一湖四片”的城市发展格局。“一湖四片”是指昆明的城市布局环滇池构建北部主城区、西城区（西山至海口）、东城区（呈贡）、南城区（晋城至昆阳）。这个发展战略宣告了昆明城市已从环翠湖发展时代，进入环滇池发展时代。

经过近10年的建设，2012年聚集了8所大学的呈贡大学城和昆明市市级行政中心相继建成，市级行政中心从主城区南迁28公里至呈贡，开启了自元代以来省与市（路、府）治所在空间上相分离的时代。城市开始有了两个大的中心区。呈贡新区开始发挥行政中心特有的聚集资本、资源、人口、产业、财富的效应。城市基础设施向行政中心所在地倾斜的客观效应使呈贡成为与主城相对应的新核心。而此前率先在2010年建成的距主城14公里的新螺蛳湾国际商贸城的170万平方米的市场，则承接了主城的商品批发市场的功能，成为主城和呈贡之间重要的经济中心和市场、交通节点。为推动和适应昆明爆炸式发展的要求，城市道路交通建设进入前所未有的高速发展阶段，继二环高速和三环绕城高速陆续通车，市内公路总里程达17600多公里。地铁6号、1号、2号线已建成通车、成昆、沪昆、南昆、内昆等6条铁路干支线在昆明交汇，云桂、沪昆高铁建成通车。城市公路形成了5条高速公路和7条高等级公路为主的射线公路体系，分别通向缅、越、老、泰等国家和上海、北京、四川、贵州等省、市。2012年新建成的长水机场是中国四大国家门户枢纽机场之一，年吞吐量为4000万人次。昆明城已不再是汪湛海规划的那座挂在滇池东北角上的小小龟城，而是内环滇池、面向东南亚南亚的区域性国际中心城市。

环湖发展战略是在昆明发展面临严峻的生态瓶颈的情况下提出的。环湖发展战略实施以来，昆明加大了滇池治理和全市性的生态环境建设，相继规划建设了200多项工程，投入近400亿元。从2009年起，昆明制定了建设高原湖滨生态城市的目标，对滇池进行全流域治理。治理工作的重点从滇池湖盆区扩大到全流域，注重内外有机结合，着眼于长期综合治理和保护，治理的方式从单纯的工程治理发展为工程与生态治理相结合，行政管理与社会治理相统一。实施了全面截污、清污和外流域调水等系列措施，有力地推进了治理进程。主城污水日处理能力达到105万吨，全域绿化率达到42%，滇池流域森林覆盖率则达50%。为建立长效的治理机制，昆明市在入湖的所有河道建立了河长制，实施由市县领导干部担任河长的环境治理和保护责任制，对各条河道出现的问题由河长负责协调解决。与此同时，为了恢复滇池生态系统和周边水环境，还强力实行了“退塘、退人、退田、退房，还湖、还林、还湿地，护生态”的“四退三环一护”工程，经过数年的努力，有效逆转了“人进湖退”的局面，切实遏止了滇池的污染。到2012年，滇池水质明显好转，主要污染物明显下降。

几千年来，昆明的发展一直是以向滇池索取水源和空间的形式实现的，是一个人进湖退的历史。但滇池是高原小流域上的高海拔湖泊，又位于三江分水岭地带，周边的湖泊和主要河流的海拔都低于滇池，除了降雨和盆地周边的面山的来水，滇池几乎没有其他水源，无节制、无休止地向滇池要水、要地、要空间，最终只能是自毁城市的生存之本，导致昆明的衰落和死亡。滇池的水资源、水环境制约着昆明城市的建设规模、城市布局和功能结构，制约着城市人口数量、产业选择和城市定位，影响着城乡人民的生活质量。只有以水定城才能实现人口、产业和环境的平衡，实现城市生态与滇池生态的兼容。

在昆明城市发展的总体布局上，2011 年发布的《昆明市总体规划（2011—2020）》中提出了昆明城市空间布局的新方向，城市总体发展方向是南延、北拓，形成“一核五轴三层多心”的依托主城分散延伸发展的离散式格局，淡化了当年“一湖四片”的规划。昆明主城的南北中轴线也再次向东移至北京路。2015 年，经过爆炸式扩张阶段，昆明市的建成区面积已达 470 平方公里，比 1995 年的 117 平方公里净增了 353 平方公里。

2016 年底，昆明市委书记明确提出了昆明城市的发展原则是“以水定城，量水发展”，要求把滇池保护作为城市转变发展方式的一面镜子，作为一把手工程来抓。昆明城市的发展思路全面回归到与滇池共生存、与滇池共发展的道路上。

回首数千年往事，循着昆明历史沉积的灰线，我们看到的是昆明城市发展变迁的历史轨迹。从那些变与不变的历史轨迹中，我们认识的是昆明的特定性质和特殊优势，它告诉我们，这就是我们的昆明。昆明城市建设、发展、治理、保护的历史经验和深刻教训是昆明未来发展的前鉴，是前人留下的宝贵财富，昭示着我们应如何建设、发展和保护我们的家园，使我们的思路更清晰，行动更理性，步伐更坚定。

参考书目

[1] 何耀华主编 . 云南通史（1、2、4卷）[M]. 中国社会科学出版社，2001年7月版 .

[2] 龙东林主编 . 昆明历史文化寻踪 [M]. 云南科技出版社，2008年8月版 .

[3] 谢本书 . 昆明史话 [M]. 云南人民出版社，2001年版 .

[4] 罗养儒 . 云南掌故 [M]. 云南人民出版社，1996年版 .

[5] 李江、谢本书等 . 昆明城市史（第一卷）[M]. 云南大学出版社，2009年12月版 .

[6] 郭红波、张建伟等 . 昆明城市史（第二卷）[M]. 云南大学出版社，2010年12月版 .

[7] 云南省博物馆 . 云南铁器时代文化论

[M]. 云南人民出版社，1992 年 10 月版 .

［8］李昆声主编 . 云南省博物馆五十周年论文集 [M]. 云南教育出版社，2001 年 8 月版 .

［9］王文成等 . 滇系——云南经济史料辑校 [M]. 中国史籍出版社，2004 年 4 月版 .

［10］孙代兴 . 近代中国西南历史探索 [M]. 云南民族出版社，2007 年 8 月版 .

［11］昆明市政府地方志办公室 . 昆明市志长编（7、8、9、10 卷）[M].

［12］严宏纲主编 . 文明的步履——昆明历史文化简明读本 [M]. 云南人民出版社，2015 年版 .

［13］昆明市社会科学院 . 昆明改革开放 30 周年纪念文集 [M].2008 年 11 月版 .

［14］吴宝璋、孙代兴 . 云南抗日战争史（增订本）[M]. 云南人民出版社，2005 年 7 月版 .

［15］龙东林、朴八先编译 . 李范奭将军回忆录 [M]. 云南人民出版社，2008 年版 .

［16］杨伯周 . 朝圣魂归——南诏大理国 [M].

云南人民出版社，2011 年 11 月版 .

[17] 政协昆明市委员会 . 昆明文史资料集萃（第 1、2、4、10 卷）[M]. 云南科技出版社，2010 年 12 月版 .

[18]政协云南省委员会 . 云南文史集萃(1、2、3、6 卷）[M]. 云南人民出版社，2004 年 4 月版 .

后　记

全面系统、准确而通俗的阐释昆明城市的历史，是云南史学界许多前辈老师曾经做过的工作，仅以史话的形式而言，已有谢本书先生 2001 年写的《昆明史话》。此次根据云南省社会科学界联合会的安排，笔者承担了云南史话丛书的《昆明史话》的撰稿工作。站在前人的肩膀上，完成这项工作使我对前辈学人洞察历史的深厚功力感佩由衷。在此，对云南史学界各位前辈的地方历史研究表示由衷的敬意。